Fatima Kaouli

Hexenverfolgung im Vest Recklinghausen

Mögliche Ursachen anhand eines Beispiels

GRIN - Verlag für akademische Texte

Der GRIN Verlag mit Sitz in München hat sich seit der Gründung im Jahr 1998 auf die Veröffentlichung akademischer Texte spezialisiert.

Die Verlagswebseite www.grin.com ist für Studenten, Hochschullehrer und andere Akademiker die ideale Plattform, ihre Fachtexte, Studienarbeiten, Abschlussarbeiten oder Dissertationen einem breiten Publikum zu präsentieren.

Dokument Nr. V87682 aus dem GRIN Verlagsprogramm

Fatima Kaouli

Hexenverfolgung im Vest Recklinghausen

Mögliche Ursachen anhand eines Beispiels

GRIN Verlag

Bibliografische Information der Deutschen Nationalbibliothek: Die Deutsche Bibliothek verzeichnet diese Publikation in der Deutschen Nationalbibliografie; detaillierte bibliografische Daten sind im Internet über http://dnb.d-nb.de/ abrufbar.

1. Auflage 2007
Copyright © 2007 GRIN Verlag
http://www.grin.com/
Druck und Bindung: Books on Demand GmbH, Norderstedt Germany
ISBN 978-3-638-92120-6

Hexenverfolgung im Vest Rechlinghausen
Mögliche Ursachen anhand eines Beispieles

Fatima Kaouli

Inhaltsverzeichnis

A. Einleitung

*„ Ueberall bestraft man die Hexen, welche
merkwürdig sich mehren. Ihre Frevel[t]haten sind
entsetzlich... Man sah früher niemals in
Deutschland die Leute so sehr dem Teufel ergeben
und verschrieben... An vielen Orten verbrennt man
diese verderblichen Unholdinnen des
Menschengeschlechtes und ganz besonderen
Feindinnen des christlichen Namens. Sie schaffen
viele durch ihre Teufelskünste aus der Welt und
erregen Stürme und bringen furchtbares Unheil
über Landleute und andere Christen; nichts scheint
gesichert zu sein gegen ihre entsetzlichen Künste
und Kräfte. "*
Petrus Canisius, 1563

Deutschland im 15. bis 18. Jahrhundert: Auch hier tauchte ein historisches Phänomen auf, das später mit dem Begriff „Hexenverfolgung" nur recht allgemein bestimmt wurde. Im Jahre 1562 kam es zu einer Welle von Prozessen, deren Anwachsen und Ausweitung man später als „Große Hexenverfolgung" bezeichnete. Diese in Wellen sich vollziehenden Hexenprozesse ließen nach den 1630er Jahren nach und schienen bald ganz zu stagnieren. Dennoch gab es vereinzelt Städte, in denen die Hexenverfolgungen weiterhin durchgeführt wurden. Der Zeitraum dieser Arbeit schließt, gerade was das Vest Recklinghausen betrifft, an die großen Verfolgungswellen aus den 1630er Jahren an und untersucht zwei Fälle, die lange nach dem Dreißigjährigen- und Siebenjährigen Krieg stattfanden. An dieser Stelle geht es darum, von dem allgemeinen Begriff Hexenverfolgung wegzukommen, um eine persönliche Ebene darzustellen.

Kritik an den Verfolgungen äußerte sich sehr schnell bereits unter den Zeitgenossen- und war man auch bei den Hexenprozessgegnern bemüht, die Prozesse zu beenden, so suchte man freilich auch nach Gründen des erschreckenden Phänomens. Dennoch konnte, damals wie heute, kein Gelehrter oder Historiker explizit einen präzisen Grund für dieses Phänomen nennen.

Gerade deswegen sieht sich die Forschung bei der Untersuchung der Hexenverfolgungen vor das Problem gestellt, wie man am besten zu einem klaren Ergebnis finden kann, insbesondere was die Ursachenforschung betrifft.

Es gibt unzählige Thesen, aber angesichts der Materiallage wird es wohl immer ein Problem bleiben. Zwar wurden die Niederschriften der Verfolger überliefert, jedoch fehlen die Aussagen der Verfolgten, da diese hauptsächlich aus dem ungebildeten, dem Schreiben unkundigen Volk stammten[1] und daher von ihnen wenig Schriftliches überliefert wurde. Deshalb müssen Forscher, die sich mit der Hexenverfolgung auseinander setzen, häufig auf die erhalten gebliebene Prozessakten des 15., 16. und 17. Jahrhunderts und die Ausführungen mittelalterlicher Gelehrter über den Hexenbegriff als einzige Quellen zurückgreifen, um möglichst exakt die spätmittelalterlichen Entwicklungen zu rekonstruieren[2]. Das Stadtarchiv Recklinghausen bietet dafür eine Fülle von Material. Man findet gerade hier die wichtigsten Informationen über frühere Hexenverfolgungen im Vest Recklinghausen und zwar in Form von primären wie auch sekundären Quellen. Jedoch sind die meisten sekundären Quellen sehr alt. Es gibt nur wenige neuere sekundäre Quellen. Viele der Sekundärquellen wiederholen, wie im Falle Anna Spiekermann, die erste Darstellung und fügten einige Angaben ein, jedoch half das oft nicht bei der Fallaufklärung. Die neuere Literatur über das Vest Recklinghausen ist leider nur auf wenige Autoren, wie z.B. R.P. Fuchs und G. Gersmann beschränkt. Es wäre wünschenswert, wenn es noch mehr neue Literatur und aktualisierte Forschungsansätze zu diesem Thema gäbe. Erschwert wird die Skizzierung der Hexenverfolgung weiterhin durch heute populäre Vorstellungen, die außerhalb der akademischen Forschung entstanden sind. So schuf z. B. die Frauenbewegung, die sich seit den 1970er Jahren entwickelt hat, das Bild einer mächtigen Hexe, das mit der seit dem späten Mittelalter von ihren Verfolgern gefolterten und getöteten Hexe kaum vereinbar ist[3]. Die einzige Parallele zwischen den modernen Hexenvorstellungen und denen, die im Mittelalter von der Inquisition konstruiert wurden, ist der Glaube, Hexen hätten magische Fähigkeiten. Auch der Teufel wird heute noch oft als Komponente des Hexenglaubens angesehen, aber er nimmt nicht mehr jene zentrale Rolle ein, wie sie zum Beispiel im Hexenhammer geschildert wird.

Der erste Teil dieser Arbeit gibt einen groben Überblick über die Hexenverfolgungen in Europa, wobei der Schwerpunkt auf Deutschland gelegt wird, gleichzeitig führt er in das Thema ein. In drei Kapitel werden die Definitionen und allgemein wichtigen Erläuterungen zum Thema Hexenverfolgung, Hexenprozesse und Verfahrensweisen gegeben.

Im zweiten Teil dieser Staatsarbeit wird das Vest Recklinghausen unter dem Aspekt der Hexenverfolgung vorgestellt. Nach einem kurzen Exkurs über die Stadtgeschichte, in der der

---

[1] Vgl. Schmölzer, Hexenverfolgung; S. 394.
[2] Ebenda, S. 394f.
[3] Ebenda, S. 395.

Schwerpunkt auf den Kriegsgeschehnissen liegt, da er zur Uraschenforschung in dieser Arbeit herangezogen wird, stehen an erster Stelle die Hexenverfolgungen und Prozesse im Mittelpunkt. Weiterhin werden mögliche Gründe und Ursachen für die Verfolgungswellen in den Jahren 1580 bis 1590 untersucht.

Der dritte und letzte Teil dieser Arbeit rekonstruiert den Ablauf und untersucht die beiden Fallbeispiele Trine Plumpe aus dem Jahr 1650 und Anna Spiekermann aus dem Jahr 1705/06. Der zweite und dritte Teil berufen sich weitgehend auf den ersten allgemein gehaltenen Abschnitt, somit fallen weitere Erklärungen weg.

Das Ziel der vorliegenden Arbeit ist, am Beispiel vom Vest Recklinghausen und den genannten Fallbeispielen, die Frage nach der Ursache bzw. den Ursachen der Hexenverfolgung unter Einbeziehung der älteren und neueren Spezialliteratur zu dem Thema übersichtlich zusammenzufassen und so vom nebulösen Begriffs „Hexenverfolgung" ein differenziertes Bild zu bekommen, wobei sich die entscheidende Frage stellt, ob die Hexenverfolgungen die unausweichliche Folge vorhandener Umwelt- und Gesellschafts- und anderer reeller Faktoren waren oder ein auf menschlicher Irrationalität basierender Zufall. Um dies zu ergründen wird versucht, anhand zweier Beispiele aus dem Vest Recklinghausen eine Ursachenerklärung zu finden.

Der Schluss soll die aufgezeigten Probleme kurz zusammenfassen und auf die Ergebnisse hinweisen.

B.   Hauptteil

I. Teil Hexen, Hexenverfolgung und Hexenprozesse allgemein

1.Etymologie und Wandlung des Hexenbildes von der frühen Neuzeit bis heute

1.1   Begriffs Etymologie

Hexe:

Der Begriff *Hexereye* tauchte erstmals 1419 im Zusammenhang mit einem Prozess gegen einen Mann im schweizerischen Luzern auf. Allerdings ist schon 1402/03 in einem Rechnungsbuch aus Schaffhausen von einem *hegsen brand*, also einer Hexenverbrennung, die Rede. Der Begriff Hexe lässt sich dagegen im deutschen Raum schon viel früher nachweisen. Hier einige Daten: „hexse (1293), hess (1387), häxen (15. Jh.), hächse (1510)."[4]

Im Katalog zur Sonderausstellung im Hamburgischen Museum für Völkerkunde wird vor allem auf die Herkunft des Wortes eingegangen, wie es sich im Laufe der Zeit aus den verschiedenen Sprachen mit entwickelt haben könnte. „Die Wurzeln des deutschen Wortes Hexe - so heißt es dort - finden sich im westgermanischen Sprachraum: mittelhochdeutsch *Hecse, Hesse*, althochdeutsch *Hagzissa, Hagazussa*, mittelniederländisch *Haghetisse*, altenglisch *Haegtesse*: (gespenstisches Wesen) – im modernen Englisch verkürzt zu *hag*. Die genaue Wortbedeutung ist ungeklärt. Der erste Bestandteil von *hagazussa* ist wahrscheinlich althochdeutsch *Hag* (Zaun, Hecke, Gehege), der Zweite ist möglicherweise mit germanisch/norwegisch *tysja* (Elfe, böser/guter Geist) und litauisch *dvasia* Geist, Seele verwandt, also vermutlich ein auf Hecken oder Grenzen befindlicher Geist oder dämonisches Wesen."[5]

Das Wort könnte sich aber auch von der griechischen Zahl *hex* ableiten. Kemper betont zudem den mythologischen Aspekt: „In der Mythologie wird davon ausgegangen, dass dreimal die sechs (666) das Zeichen des Teufels ist. Wieder andere suchen die Wurzeln dieses Wortes in der griechischen Sprache und leiten es von dem Wort „Hekate" ab. Hekate war eine berühmte Zauberin im Altertum. Metaphorisch ließe sich der Begriff somit als Beschreibung einer Wesenheit begreifen, die mit einem Bein im Reich der Lebenden, mit dem anderen im Reich der Toten weilt. Es gibt auch die Varianten, dass der profane und der heilige Bereich

---

[4] Hausschild, Hexen; S. 27
[5] Ebenda; S. 29

hier einander gegenüber stehen und somit die Grenze bilden, oder das Diesseits und das Jenseits."[6]

Ein Lexikon beschreibt Hexen als „weibliche, dämonische Wesen oder Weiber, die mit des Teufels Hilfe kraft eines gegen Gott geschlossenen Bundes, des ketzerischen Teufelspakts, durch Zauber den Menschen Schaden zufügen und sich in Tiere verwandeln können."[7]

Walter W. Skeats` etymologisches Wörterbuch leitet das englische *witch* (Hexe) aus altenglisch *wicche*, angelsächsisch *wicca* (mask.) oder *wicce* (fem.) ab: einer verderbten Form von *witga* der Kurzform von *witega* (Seher, Wahrsager), das seinerseits von angelsächsisch *witan* (sehen, wissen) herrührt. Entsprechend entwickelt sich isländisch *vitki* (Hexe) aus *vita* (wissen) oder *vizkr* (Kluger, Wissender). *Wizard* (Zauberer) stammt von normannisch-französisch *wischard*, altfranzösisch *guiscart* (der Scharfsinnige). Die englischen Wörter *wit* (Verstandeswitz, Geist) und *wisdom* (die Weisheit) stammen aus der gleichen Wurzel.[8]

In der frühen Neuzeit nannte man „Hexen" auch „*Zaubersche*" oder „*touversche*".

Folter:

„Das Substantiv erscheint zuerst um 1400 als föltrit, foltren (Dativ); etwa gleichzeitig tritt das Verb foltern auf. Die Herkunft der Wörter ist nicht sicher geklärt. Vielleicht handelt es sich um eine Umgestaltung von mlat. Poledrus »Fohlen« unter dem Einfluss von >Fohlen<; die Folter[bank] wäre dann nach ihrer ursprünglichen Ähnlichkeit mit einem Pferdchen benannt worden, was durch aspan. Poltro, span. Potro »Fohlen« und »Foltergerät« gestützt wird. Mlat. Poledrus gehört zu lat. Pullus »Tierjunges« (vgl. Fohlen). Im 17.Jh. sind >Folter< und >foltern< in der Schriftsprache geläufig und werden auch schon übertragen im Sinne von seelischer Qual gebraucht (dazu die Wendung >auf die Folter spannen<). – Abl.: Folterung (16.Jh.)"[9]

Tortur:

„[...]: Das Fremdwort wurde im 16.Jh. aus gleichbed. mlat. tortura entlehnt, das auf lat tortura »die Krümmung; das Grimmen; die Verrenkung« zurückgeht. Dies gehört zu lat. torquere (tortum) »drehen, verdrehen; martern«, [...]"[10]

---

[6] Kemper, Hexenwahn; S.12
[7] Vgl. Dürwald, Hexe; S.33
[8] Vgl. Skeats; Etymologie, S.125
[9] Duden. Herkunftswörterbuch; S. 230.
[10] Ebd., S.856

Inquisition:

Die Inquisition (lat. inquisitio: gezielte, gerichtliche Untersuchung) war eine Kirchenbehörde, die in den Jahren 1231/32 von Papst Gregor IX. gegründet wurde. Ihre Aufgabe bestand darin, so genannte Ketzer zu verfolgen, vor Gericht zu stellen und zu verurteilen. Anfangs war die Strafe für Ketzerei in der Regel die Exkommunikation. Seitdem das Christentum zur Staatsreligion gemacht worden war, wurden Ketzer auch als Staatsfeinde angesehen. Deshalb wurde die Inquisition seit dem Mittelalter mit staatlicher Hilfe betrieben.

Das Sendgericht:

„Der Send oder auch das Sendgericht (ehemals auch *Sinode*) ist ein Begriff aus der kirchlichen Rechtsgeschichte. Vor dem Sendgericht genannten kirchlichen Gericht wurden von den Geistlichen im Beisein der gräflichen Schultheißen Schandtaten, Sünden und Laster der Gemeindeglieder behandelt und gerügt".[11]

1.2 Die Wandlung des Hexenbildes von der frühen Neuzeit bis heute

Der Hexenglaube ist ein paneuropäischer Aberglaube (Volksglaube), dessen Wurzeln im heidnischen Götterglauben liegen. Diese weitgehende Übereinstimmung fällt nicht ins Auge, weil die Bezeichnungen regional unterschiedlich sind.[12]

Eine Hexe war im Volksglauben eine mit Zauberkräften ausgestattete, meist weibliche, Heil oder Unheil bringende, mit Dämonen oder dem Teufel im Bunde stehende Person. Das Wort Hexe ist ein Sammelbegriff, der viele Ausrichtungen, wie zum Beispiel Incantatrix (Beschwörende), Bacularia (Besenreiterin), Herbaria (Kräuterfrau), Strix (Eule) u.v.m. zusammenfasst.[13]

Heute wird mit dem Begriff *Hexe* meist das Bild einer „Märchenhexe" assoziiert, also eine alte, hässliche und unheimliche Frau, die auf einem Besen reitet und böse Zauberkraft besitzt. Das märchenhafte Stereotyp der Hexe erscheint oft in Begleitung eines schwarzen Vogels (wahrscheinlich einer der beiden Raben Odins) oder einer schwarzen Katze vor.

Zur Zeit des Hexenwahns verstand man den Begriff Hexe ganz anders. Während dieser Zeit wurde *Hexe* als Fremdbezeichnung auf Frauen und Männer angewandt, um aus unterschiedlichen Motiven die gewünschte Verfolgung zu erreichen.

Kemper definiert die Hexe folgendermaßen:

---

[11] Corbach: Bergische Geschichte; S. 9
[12] Aus: Hauschild, Hexen; S. 31
[13] Kemper, Hexenwahn; S.8

„Eine Hexe nenne ich ein Weib, welches infolge eines ihm vorgespielten oder eingebildeten Bündnisses mit dem Teufel glaubt, alle möglichen Übeltaten durch Gedanken oder Verwünschungen, durch den Blick oder andere lächerliche, zur Erreichung eines vorgenommen Zweckes ganz untaugliche Mittel abrichten zu können, zum Beispiel die Luft mit ungewöhnlichen Donner, Blitz oder Hagel bewegen, Stürme hervorrufen, die Früchte auf dem Felde verderben oder Krankheiten den Menschen und Tieren zufügen und wieder heilen, in wenigen Stunden weite Räume durchfliegen, mit den bösen Geistern Tänze aufführen, Festmahle halten(...) sich und andere in Tiere verwandeln und tausenderlei anderer seltsame Narrheiten zu vollbringen zu können."[14] Außerdem sollen Hexen Kinderleichen von Friedhöfen ausgegraben und diese dann zu Salben verarbeitet haben. Anschließend sollen sie damit ihren Hexenbesen oder ihre Ofengabel bestrichen haben und damit zum Hexensabbat geflogen sein. Dort trafen sie sich mit dem Teufel und anderen Hexen, um zu feiern oder ihre Rituale auszuführen. Ein berühmter Ort dafür war der Blocksberg im Harz, auf dem sie im Volksglauben in der Walpurgisnacht ihren Hexensabbat feierten. Der Unterschied zur heutigen Vorstellung einer Hexe war, dass in der frühen Neuzeit jeder Mensch als Hexe oder Hexer verurteilt werden konnte. Selbst vor Kindern machten die Hexenverfolger nicht halt. Es lässt sich weiterhin festhalten, dass meistens Frauen als Hexen verdächtigt wurden, jedoch gab es in vielen Städten im deutschen Gebiet auch männliche Opfer.

1.2.1. Der Hexenhammer, die Bibel der Hexenverfolger in der frühen Neuzeit

Der Hexenhammer (malleus maleficarum), geschrieben von Heinrich „Institoris" Kramer, einem Dominikanermönch aus Deutschland, im Jahre 1486, gilt aus heutiger Sicht als das zentrale Buch in der Geschichte der europäischen Hexenverfolgung. Mit etwa 30 Auflagen zwischen 1486 und 1669 hatte er eine lange und intensive Wirkungsgeschichte, die das Hexenbild geprägt hat. Fast alle Befürworter der Hexenverfolgung beriefen sich auf ihn. „Nicht zuletzt deswegen ist er auch heute noch ein Basistext zum Verständnis der abendländischen Geistes- und Kulturwissenschaft"[15].

Die auffälligste Besonderheit im Hexenhammer ist die Zuspitzung auf Frauen. Insofern ist er eines der frauenfeindlichsten Bücher der Weltliteratur. Ein bezeichnendes Beispiel bietet die Herleitung des Begriffs *femina*. Kramer erklärt den Begriff so, dass er das Wort aufteilt in: *fe-* von *fides* = *Glaube;* und *mina* von *minus* = *weniger.*

...Es heißt nämlich femina (Frau) von fe= Abkürzung von fides (Glauben)- und minus, weil sie immer geringeren Glauben hat und wahrt, und zwar von Natur aus bezüglich des

---

[14] Kemper, Hexenwahn; S. 2

[15] Behringer, Hexenhammer, Vorwort

(geringeren) Glaubens (stärke), mag auch infolge der Gnade und der Glaube in der seligsten Jungfrau niemals gewankt haben, da er doch in allen Männern zur Zeit des Leiden Christi gewankt hatte. Ein weiterer Grund besteht darin, dass die meisten Frauen nichts für sich behalten können, deshalb wählt der Teufel Frauen aus, weil sie sein Werk schnell an andere Frauen weiter tratschen. So kommt es zur schnellen Weitergabe vom Teufelswerk. Männer hingegen sind schweigsamer.[16]

Wenn sich die meisten Befürworter der Hexenverfolgung an diesen Richtlinien orientiert haben, ist es nicht verwunderlich, dass die meisten Opfer der Hexenverfolgung Frauen waren. Der gesellschaftliche und rechtliche Status der Frau der frühen Neuzeit war ein Status minderen Ranges. Die junge Frau stand als Tochter unter der Vormundschaft des Vaters, später als Ehefrau unter der des Mannes. Die Frau konnte sich in rechtlichen Angelegenheiten kaum allein verteidigen. Schon gar nicht, wenn sie als Hexe angeklagt wurde.

2.   Hexenverfolgungen in Deutschland von 1480 bis 1751

2.1. Ein kurzer Überblick

„Hexenprozesse haben in Deutschland die nach den Judenverfolgungen größte, nicht kriegsbedingte Massentötung von Menschen durch Menschen bewirkt."[17]

Gewiss eine provokante aber bisher offenbar unwidersprochene These. Weiterhin heißt es: „Im Mittelalter wurden private Missgeschicke und öffentliche Katastrophen Hexen und Dämonen zugesprochen, während man im modernen Deutschland (vor allem im Zweiten Weltkrieg) die Juden als Quelle des Bösen und der Katastrophen ansah."[18]

In Deutschland wurden in der Zeit zwischen 1480 und 1751 Hexenprozesse durchgeführt. In den 100 Jahren zwischen 1550 und 1650 wurden die meisten Hexen in Europa verfolgt, wobei ein eindeutiger Höhepunkt im Jahre 1630 zu erkennen ist. „Im Verlauf des ausgehenden 14.- und beginnenden 15. Jahrhunderts griffen die Prozesse auf Nordspanien, Ost- und Westfrankreich und die Schweiz über. Danach stagnierte die Prozessbewegung zunächst. Seit etwa 1550 wurde der zentraleuropäische Raum, inklusive Deutschland, zur Hochburg der Hexenverfolgung."[19] Der römisch-italienische Kulturkreis kannte ihn ebenso wie die alten Ägypter, die Juden und der keltisch-germanische Kulturkreis. Der Teufelsglaube wurde aber vor allem im 15. Jahrhundert durch den niederen Klerus unterstützt und entfacht.[20]

---

[16] Kramer, Hexenhammer; S. 231
[17] Schormann, Hexenprozesse; S.5
[18] Ebenda; S.16
[19] Alfing, Hexenjagd; S.19 ff.
[20] Vgl.: König, Hexenprozesse, S.27

2.2 Die Anfänge der Hexenverfolgung in Deutschland und Europa

Das Denken und Handeln vieler Europäer des Mittelalters war beherrscht von der Vorstellung, man könne durch Zauberei Einfluss auf den Alltag nehmen. So glaubten vor allem die ungebildeten Schichten, man könne mit Hilfe von Magie z. B. Nachbarn aus Neid oder in Folge eines Streites Schaden zufügen oder sich selbst vor derartigen Angriffen schützen.

„Der Glaube an Zauberer und Hexen, an Magie und das, was angeblich mit ihr bewirkt werden kann, ist weder an bestimmte Zeiten noch an regionale Grenzen gebunden."[21]

Dennoch wurde in keinem der oben genannten Kulturkreise die Verfolgung der angeblichen Hexen und Zauberer so drastisch betrieben wie in der Zeit zwischen 1480 und 1751 in Europa. Der Hexenwahn steckte an wie die Pest. Täglich wurden neue Hexen angeklagt. Motiv oder Auslöser war meist ein persönlicher oder finanzieller Vorteil des Klägers.

Wie konnte es zu dieser Häufung von Hexenprozessen kommen?

Ursächlich war eine allgemeine Verwirrung, ein unheilvoller Zusammenprall von Überkommenen und Neuem. Religions- und Bürgerkriege in Deutschland, wo ein Fürst vom nächsten, eine Glaubensrichtung durch die nächste abgelöst wurde, erschütterten das Vertrauen in jeden Fürsten und jede Glaubensrichtung überhaupt. Das Christentum war die offiziell ausgeübte Religion, dennoch duldete die katholische Kirche lange den heidnischen Aberglauben, der unter der Oberfläche erhalten geblieben war. Die Kleriker predigten, dass Zauberei keine Wirkung hätte und dass Menschen, die diese dennoch praktizierten, mit Kirchenbußen zu bestrafen sein, weil sie an die Effizienz der Magie glaubten[22]. Da jedwede Zauberei den Abfall von Gott bedeutete, wurde sie am Ende des 12. Jahrhundert als Religionsdelikt verfolgt und geahndet. Schon im Alten Testament steht geschrieben: *„Du sollst die Zauberer nicht leben lassen"*. Auch der Kirchenvater Augustinus entwarf eine Lehre, in der er *Aberglaube als Abfall von Gott durch den Dämon* kennzeichnet. Somit legte er schon in der Spätantike den Grundstein für den frühneuzeitlichen Hexenwahn.[23] Mit dem Beginn des 15. Jahrhunderts wandelte sich diese Einstellung in einigen europäischen Regionen. Die weltlichen wie die geistigen Autoritäten suchten wieder ein Gefühl von Sicherheit zu etablieren, um dem Zweifel und dem Umbruch ein Ende zu setzen.[24] Seit dem 14. Jahrhundert waren die heidnischen Praktiken des Volkes verstärkt ins Bewusstsein

---

[21] Merzbacher, Hexenprozesse; S. 59
[22] Lea, Inquisition; S. 553
[23] Vgl.: Schwaiger, Teufelsglaube; S.75
[24] Anderson, Frauen in Europa, S. 224 ff.

christlicher Geistlicher gerückt, die den wahren Glauben immer mehr bedroht sahen[25]. Es galt, etwas gegen den Aberglauben zu unternehmen. Auf der Suche nach denen, die Zauberei betrieben, meinten Theologen, eine neue Gemeinschaft von Teufelsbündnern[26] entdeckt zu haben, die nämlich *die Hexensekte* genannt wurde. Den Mitgliedern dieser vermeintlichen Sekte wurde vorgeworfen, einen Pakt mit dem Teufel eingegangen zu sein, um seine Hilfe bei der Schädigung von Mitmenschen beanspruchen und mit ihm Unzucht Treiben zu können.

Da der Klerus noch in diesem Generationskonflikt steckte, war dies nicht zuletzt, ein Grund, warum man in den Hexenprozessen immer wieder auf alte Methoden zurückgriff. Alte Foltermethoden und die Berufung auf Ordalien waren einige davon.

Thomas von Aquin entwarf ein *durchdachtes System der Dämonologie*. Damit wurde der Teufels- und Hexenglaube wissenschaftlich fundiert.[27] Von da an wurde Zauberei nicht mehr bestritten, sondern in Gestalt der Ketzerinquisition gnadenlos verfolgt.

Der Aberglaube, Frauen seien diejenigen, die am ehesten mit dem Teufel in Kontakt treten würden, basierte auf einer langen Tradition, die sich über die Jahrhunderte durch Schriften und populäre Vorstellungen fortgepflanzt und sich wie ein Lauffeuer in ganz Europa ausgebreitet hatte. Seit dem wurde in ganz Europa daran festgehalten, Frauen seien der Ursprung allen Übels, da ihr Wesen schwach sei und deshalb auch leichter zu beeinflussen wäre.

Die weltlichen Herrscher reagierten auf diesen Aberglauben mit Gesetzen und Verordnungen. Sie schrieben im Laufe der Jahre viele Leitwerke, um diese Art von Aberglauben und das was daraus resultierte zu unterbinden.

Der Grundstein für die Verfolgung von ketzerischen Aktivitäten war gelegt. Intensiv wurde das Vorhaben aber erst durch den Papst (*„Erste Erfolge der päpstlichen Hexeninquisition in Deutschland ab 1480"*.[28]) und den Hexenhammer von Heinrich Kramer verfolgt. „Als Papst Innozenz VII. durch seine berüchtigte Bulle (*Summis desiderantes affectibus*) vom 4. Dezember 1484 das Aufspüren von Hexen anordnete, kam die Sache auch bei den Deutschen in Schwung, und die Hexenprozesse drückten dem 15., 16., 17. und selbst dem 18. Jahrhundert auch in der Geschichte des deutschen Volkes ihr Brandmal auf."[29]

Den Feuertod für schadensbringende Zauberei setzte letztendlich die von Kaiser Karl V. 1532 erlassene ´Constitutio Criminalis Carolina´, kurz auch ´Carolina´ genannt, fest. Diese basierte auf der Bamberger Halsgerichtsordnung von 1507. „Die ´Carolina´ steht für eine

---

[25] Ebd., S.597
[26] Blauert, Erforschung der Hexenverfolgungen; S. 11.
[27] Vgl.: Merzbacher, Hexenprozesse; S. 22
[28] Behringer, Hexen; S.107
[29] König, Hexenprozesse; S.28

Vereinheitlichung der Strafverfolgung allgemein, da sie im gesamten Reichsgebiet Gültigkeit besaß."[30] In ihr wurde verfügt, die Zauberei als Kriminaldelikt zu verfolgen. Da die Folter schon seit dem Mittelalter ein legitimes Mittel war, um Menschen zum Eingeständnis einer Tat zu bringen, war dies vor allem in den Hexenprozessen ein gängiges Mittel zur Durchsetzung des gesetzten Rechts.

2.3 Die Verfolgungswellen

Die Praxis der Hexenverfolgungen im Zeitraum von 1480 bis 1751 war von unterschiedlicher Qualität. Es gab Verfolgungswellen und Zeiten auffallend geringer Prozessdichte. Die Verfolgungswellen standen im Zusammenhang mit der jeweils herrschenden, wirtschaftlichen, politischen und sozialen Lage in Deutschland. Insgesamt kann man von sieben großen Verfolgungswellen in Deutschland ausgehen. Eine erste Verfolgungswelle lässt sich um 1562 bis 1564 belegen, eine weitere nach der Hungersnot von 1570. Dann gab es eine Welle die von 1580 bis 1594 als Begleiterscheinung des kalten Winters und der Pest zu belegen ist. Weitere Wellen findet man um 1600 und von 1607 bis 1618. Eine große und intensive Verfolgungswelle lässt sich von 1626 bis 1630 als Folge des Dreißigjährigen Krieges festlegen. Den letzten Höhepunkt an Verfolgungen kann man für die 1650er und 1660er Jahre ausmachen.[31] Diese Zahlen können hier allerdings nur zur groben Orientierung dienen. Zu bedenken ist nämlich, dass diese Prozesszahlen aus dem gesamten Alten Reich zusammengezählt wurden. Es gab viele Gebiete, die nicht von allen Verfolgungswellen betroffen waren oder ganz verfolgungsarm blieben.

Die Massenprozesse fanden meist in Krisenzeiten statt. Feststellbar ist, dass gerade in Zeiten der Angst, des Hungers und der großen Verwirrung die Verfolgung von potenziellen Schuldigen und somit die Suche nach einem Sündenbock am stärksten im Mittelpunkt gerückt war. Auch Konfessionsbildung und Konfessionalisierung sind neben prägenden Kriegen weitere Charakteristika für diese Zeit.

Die kirchliche Gerichtsbarkeit war aber nicht allein für die Massenprozesse verantwortlich. Die Kriminaljurisdiktion war vollständig von den weltlichen Behörden abhängig und somit war ihr Verhalten zusätzlich ausschlaggebend und auch verantwortlich für die Intensität der Verfolgungswellen.

Nach diesem Leitbild, welches Klerus und Justiz vermittelt haben, wurde auch im internen und privaten Bereich rücksichtslos verfolgt. Der Umgang der Bewohner untereinander

---

[30] Alfing, Hexenjagd; S.19

[31] Behringer, Hexen S.273

förderte die Hexenverfolgungen intensiv. Die Alltagskultur in den Dörfern war von Streitigkeiten und Unerbittlichkeit geprägt. Jeder beschimpfte und denunzierte jeden, der nur halbwegs unsympathisch war, ohne Rücksicht auf die fatalen Konsequenzen.

Der Zaubereivorwurf stand immer an erster Stelle, wenn es um Konflikte ging.

Bei der ersten großen Verfolgungswelle um 1580 bis 1594 lag der Frauenanteil bei ca. 90%, bei der letzten Verfolgungswelle um 1660 nur noch bei 30%. Das Stereotyp hat sich in dieser Zeit drastisch gewandelt. In den ersten großen Wellen werden bevorzugt alte, arme, hässliche oder verhaltensauffällige Frauen verbrannt. Am Ende dagegen findet man viele Männer, junge Frauen und Kinder aus allen Schichten.[32] Vor allem Reiche werden verbrannt. Daraus kann man die Schlussfolgerung ziehen, dass die Obrigkeit nach dem Krieg ihre Stadtkasse füllen konnte. Denn innerhalb kürzester Zeit konnte sich eine Stadt in zweierlei Hinsicht bereichern: Zum einen wurde sie Personen los, die ihr schon lange ein Dorn im Auge waren und zum anderen wurde die Stadtkasse gefüllt. Denn so eine Feuerhinrichtung war sehr aufwendig und teuer. Doch nicht die Stadt zahlte den Aufwand, sondern die Delinquenten selber. Ihr komplettes Vermögen floss nach ihrem Tod in die Stadtkasse, um die Kosten zu decken.

Es fällt auf, dass die Hexenjagd, die eine Erscheinung nicht des zu Ende gehenden Mittelalters, sondern der angebrochenen Frühmoderne, mancherorts Züge einer Massenhysterie annahm. „In der zweiten Hälfte des 16. Jahrhunderts einsetzend - und zwar unabhängig von der Konfessionsverteilung -, erreichte sie in Deutschland ihren Höhepunkt im 30 Jährigen Krieg"[33] Dieses Zitat von Schilling belegt noch einmal genau einige der Umstände, die zu den Verfolgungswellen beigetragen haben. Auch Dürwald nennt Gründe für die Verfolgungen: „Unter den Händen der weltlichen Richter feierte die Hexenverfolgung in Deutschland nun wahre Orgien. (…) Hier (Im Sauerland) beginnen die Hexenverfolgungen etwa um 1584 nach dem Auftreten der Truchsessischen Wirren"[34]Seit dem 18. Jahrhundert wurden die verurteilten Hexen allerdings weniger hart bestraft. Man verbrannte sie nicht mehr bei lebendigem Leib, sondern nahm ihnen schon vor der Verbrennung das Leben, indem sie erdrosselt oder mit dem Schwert gerichtet wurden. Dies lag daran, dass sich die Zeiten geändert hatten. Die Aufklärung und der Gedanke an die Vernunft, der viele gebildete Menschen an dieser Prozedur zweifeln ließ, trat in den Vordergrund. In dieser Zeit nahmen auch die Hexenverfolgungen ab, bis sie im 18. Jahrhundert ganz verboten wurden.

Die verfolgungsintensivsten Regionen waren außer Lothringen, Kur-Trier, Kur-Mainz und Westfalen die fränkischen Hochstifte in den Jahren 1626-1630. Hier forderte die vermutlich

---

[32] Vgl.: Behringer, Hexen; Kap. 3 und 4
[33] Schilling, Reformation; S.166 ff.
[34] Dürwald, Hexen; S.34 ff.

größte deutsche Hexenverfolgung, vielleicht sogar die größte Hexenverfolgung überhaupt, mehrere tausend Opfer.[35]

Einige Daten zu den verfolgungsintensivsten Regionen:

Im Kurfürstentum Trier mussten zwischen 1581 und 1599, 306 Personen auf dem Scheiterhaufen. Das Kurfürstentum Bamberg galt allgemein als *das Hexenhaus*. Im Zeitraum zwischen 1625 und 1630 ließen dort 600 Hexen und Zauberer auf dem Scheiterhaufen ihr Leben. In Fulda wurden zwischen 1603 und 1605, 205 Personen verbrannt, wobei an manchen Tagen Massenverbrennungen angeordnet wurden. In zwei weiteren Kurmeinzischen Städten gab es 300 Opfer. 1612 wurden allein in Ellwangen 167 Hinrichtungen wegen Hexereiverdachts angeordnet. In Westerstetten, in Baden-Württemberg (Westerstetten liegt im Lonetal auf der Schwäbischen Albca 17 km nördlich von Ulm) mussten an nur zwei Tagen 300 Personen den Feuertod wegen Hexereiverdachts erleiden; an nur einem Tag im Jahre 1589 starben im Frauenstift Quedlinburg 133 Frauen den Feuertod.[36]Wie man an diesen Beispielen erkennen kann, nahm die Massenhysterie, wie Schilling zu Recht beschreibt, unmenschliche Züge an.

2.4   Das Ende der Hexenverfolgung

Im 18. Jahrhundert stagnierten die Verfolgungen. Es wird nur noch vereinzelt von Hexenprozessen berichtet. So z.B. von Anna Spiekermann, die im Jahre 1706 als letzte Hexe im Vest Recklinghausen verbrannt wurde. Anna Schnidenwind, geb. Trutt, (*um 1688 in Wyhl am Kaiserstuhl; † 24. April 1751 in Endigen am Kaiserstuhl) war eine der letzten Frauen, die in Deutschland als Hexe öffentlich hingerichtet wurde. Die letzte Hinrichtung einer Hexe auf deutschem Boden, deren Name nicht bekannt ist, wurde 1775 in Kempten (Allgäu) vollzogen.

Die europäischen Hexenverfolgungen endeten ausgerechnet dort, wo sie begonnen hatten: in der Schweiz. Die Magd Anna Göldi wurde im Juni 1782 im schweizerischen protestantischen Kanton Glarus mit dem Schwert gerichtet. Sie soll der Tochter ihres Dienstherren Johann Jakob Tschudi Nadeln in den Magen gezaubert und zudem selber Nägel gespuckt haben.[37]

Im Laufe des 18. Jahrhunderts nahmen die Hexenprozesse ab und wurden auch bald samt Foltermethoden abgeschafft. Dazu beigetragen haben Friedrich I. König von Preußen und sein Sohn und Nachfolger Friedrich Wilhelm, der schließlich im Jahre 1714 in seinem Lande die Hexenprozesse verbot. Diesem Verbot schlossen sich nach und nach die übrigen Staaten

---

[35] Alfing, Hexenjagd; S.19 ff.
[36] Vgl.: Gottschalk, Frauenbild, 1998, o.S.
[37] Vgl.: Döbler, Hexenwahn, o.S.

Deutschlands an.[38] Beeinflussen lässt sich der Rückgang der Hexenprozesse, und das Nachlassen der Hexenverfolgungen, zum einen durch die Aufklärung und ihre Werke, (Balthasar Becker, 1681; Christian Thomasius 1701), die aber erst nach Beendigung der großen Verfolgung erschienen waren und zum anderen durch die Niederlage im Dreißigjährigen Krieg, der zum wirtschaftlichen Zusammenbruch und großen Bevölkerungsverlusten führte.

Die desillusionierende Wirkung von Massenprozessen führte letztendlich dazu bei, dass die Öffentlichkeit kein Vertrauen mehr in die Justiz setzte. Häufig trat Panik in der Bevölkerung auf.

Aber auch Religion, Philosophie, Territorial- und Sozialpolitik führten zu wachsenden Zweifeln an Sinn und Zweck der Hexenjagd.[39]

3. Die Verfahren der Hexenprozesse:

3.1. Rechtliche Voraussetzungen für die Folter

„Hexen waren im allgemeinen Verständnis ihrer Zeit Verbrecherinnen. Sie galten als Giftmischerinnen; mit ihrem Schadenszauber verursachten sie Krankheiten an Mensch und Tier. Sie gehörten damit vor die Kriminalgerichte."[40]

Der Verlauf eines Hexenprozesses begann stets mit einer Denunziation. Entweder kommt die anklagende Person aus dem Bekanntenkreis (Nachbar, Dorf- oder Stadtbewohner, Feind, Neider...) oder es ist ausschlaggebend die Aussage einer bereits als Hexe verhafteten Angeklagten, die unter Folter weitere Personen belastet hat.

„Die strafrechtshistorische Literatur behandelt im Zusammenhang mit der Festnahme oft zugleich das Problem, welche Zustände in den Kerkern gemäß der Carolina herrschen sollten und wie stark die Rechtswirklichkeit davon abwich."[41] Natürlich führte die Haft dazu, dass die Verdächtigen in einem menschenunwürdigen Hexengefängnis untergebracht wurden. „Die katastrophalen Haftbedingungen wurden teilweise bewusst als Foltermethode eingesetzt und gehören damit in den Sachzusammenhang der Spezialinquisition."[42]

Bevor ein Mensch verurteilt wurde, musste ein Beweis erbracht werden, der die Richtigkeit der Anschuldigung belegte. Dieser Beweis konnte auf dreierlei Weise erbracht werden: „Entweder durch die Aussage mindestens zweier oder mehrerer glaubwürdiger Zeugen oder

---

[38] Vgl.: Esch, Hexenprozesse; S. 61
[39] Vgl.: Alfing, Hexenjagd, S.22ff.
[40] Thiesbrummel, Recklinghäuserinen; S.23
[41] Soldan, Hexenprozesse; S.328-329
[42] Oestmann, Reichskammergericht; S.189

durch ein vom Gericht auf seinen Wahrheitsgehalt überprüftes Geständnis des Angeklagten bzw. Inquisiten."[43] Hierbei war das Geständnis das wichtigere Beweismittel:

„Denn (es ist) kein krefftiger beweiß/ alß eigens mundes ausag(...). "[44]

Darstellung einer Zeugenaussage[45]

Außerdem gab es noch die Möglichkeit der Hexenproben, auf die im nächsten Kapitel genau eingegangen wird.

Das Geständnis des Angeklagten war unausweichlich und von besonderer Wichtigkeit, da niemand auf Verdacht verurteilt werden konnte. „Der Sieg über den Teufel"[46] wurde das Geständnis auch genannt, da man mit der Folter das erreicht hatte, was man wollte und dem Teufel somit alle Macht genommen hatte. „Ein Geständnis war notwendig, da nach den Bestimmungen des Hexenhammers eine Angeklagte nur aufgrund eines Geständnisses als Hexe verbrannt werden konnte. Außerdem handelt es sich um einen Tatvorwurf, der nicht durch irgendwelche Zeugen nachweisbar war. Es ging hier nicht um vorgefasste Meinungen und Vorurteile, an die man die Wirklichkeit anzupassen versuchte. Man brauchte ein Geständnis, keine Aufklärung einer Tat."[47]

Für den Fall, dass der Angeklagte die Tat aber nicht gestand, es auch keinen glaubwürdigen Zeugen gab und er die Hexenproben, (die im nächsten Abschnitt beschrieben werden), nicht bestanden hatte, wurde mit dem peinlichen Verhör begonnen.

Die peinliche Frage, bzw. die peinliche Strafe an Leib und Leben (Pein= Qual; später auch Strafe) wurde bei jedem Versuch, ein Geständnis zu bekommen, immer auf die gleiche Art und Weise durchgeführt. „Unter der Folter wurden Geständnisse erzwungen, die nicht immer

---

[43] Ebenda; S.189
[44] Ebenda; S.190
[45] Vgl.: Internetquelle, Muelverstedt
[46] Hanklaus, Hexenänneken, S. 173
[47] Thiesbrummel, Recklinghäuserinnen; S.27

- vermutlich in den wenigsten Fällen - der Wahrheit entsprochen haben dürften. Strafmittel blieben die alten germanischen Strafformen, die jedoch immer grausamer und darüber hinaus nun auch immer öffentlicher vollstreckt wurden."[48]

Darstellung einer peinlichen Befragung aus dem 17. Jahrhundert[49]

3.2   Die Hexenproben

Gottesurteile entstanden nach damaliger Auffassung durch die vermeintliche Hilfe Gottes. Mit der Christianisierung wurden sie zu allgemeinen Rechtsformen. Um das Gottesurteil zu befragen, erfand man die Hexenproben. Diese wurden angewandt, um einen Hinweis auf die Stichhaltigkeit der Anklage zu erhalten. Sie wurden aber auch benutzt, wenn sich die Schuld der Angeklagten nicht durch ein erpresstes Geständnis nachweisen ließ.

Sobald eine entsprechende Anzeige wegen Zauberei gegen eine Person vorlag, konnte der Richter sogleich auf Folter plädieren. Man unterwarf die Verdächtigen jedoch meist zuvor den Hexenproben. Oft kamen gleich mehrere nacheinander in Anwendung, nämlich:

die Tränenprobe, die Nadelprobe, die Feuerprobe, die *Wasserprobe* (hier besonders hervorzuheben), die Gebetsprobe und die Hexenwaage.[50]

Den Verurteilten wurde so mehr oder weniger die Chance gegeben, sich des Verdachts zu entledigen. Die Hexenproben fanden ausschließlich in der Öffentlichkeit statt. Dies war einerseits als Warnung und andererseits zur Belustigung der Bevölkerung gedacht.

Die Verdächtigen konnten sich auch freiwillig prüfen lassen, um so einem Verdacht eventuell zu entkommen. Dies war allerdings sehr kostspielig und auch sehr zeitaufwändig, da sie oftmals in einer anderen Stadt vollzogen wurden, wenn der örtliche Scharfrichter keine Zeit hatte.

---

[48] Vgl.: Höfinghoff, Carolina. S. 169
[49] Vgl.: Internetquelle, Muelverstedt
[50] Vgl.: König, Hexenprozesse; S.59

3.2.1. Die Tränenprobe

Da man zur Zeit der Hexenverfolgung davon ausging, dass Hexen nicht weinen konnten, versuchte man die Verdächtige zum Weinen zu bringen. Weinte sie nicht, war sie eine Hexe. Der Richter oder ein Pfarrer legten der Denunzierten die Hand auf das Haupt und sprachen dabei ein Gebet, in dem sie Jesus Christus beschworen.

„Ich beschwöre dich um der bitteren Tränen willen, die von unserem Heiland, dem Herrn Jesus Christus, am Kreuze für unser Heil vergossen worden sind, dass du, im Falle du unschuldig bist, Tränen vergießest, wenn schuldig, nicht!"[51]

Allerdings lag es an der subjektiven Anschauung des Untersuchenden, ob die Angeklagte schuldig war oder nicht. Für gewöhnlich stellte der Richter mit Genugtuung fest, dass die Beschworene sich vergeblich angestrengt habe zu weinen. Während der Folter durften die Frauen demnach, da sie nach dieser Probe als Hexe entlarvt worden waren, nicht weinen. Weinte die Gemarterte dann doch, so wurde dies als Blendwerk des Teufels gedeutet.

3.2.2. Die Nadelprobe

Aus inquisitorischer Sicht war die Tränenprobe gewiss kein schlechtes Mittel. Als weitaus beweiskräftiger galt allerdings die Nadelprobe.

Hierbei wurde der Körper der vermeintlichen Hexe nach Teufelsmalen, auch: *stigma diabolica*, abgesucht. Diese, so glaubte man, drückte der Satan seinen Gefolgsleuten beim Geschlechtsverkehr auf. Angeblich bluteten die Stellen nicht, wenn man eine Nadel hinein stach.

Um den Köper gründlich untersuchen zu können, schor der Scharfrichter der Angeklagten alle Haare am Körper, vom Kopf angefangen bis hin zum Schambereich. Selbst die Augenbrauen wurden geschoren. Man glaubte, sobald eine Hexe keine Haare mehr hätte, habe der Teufel keine Macht mehr über sie. „Häufig bringt der Teufel dieses Merkmal an offen sichtbaren Stellen an, wie an der Hand, häufiger jedoch an verborgenen Stellen, wie unter der Zunge. Es sollte daran zu erkennen sein, dass es unempfindlich war und kein Blut gebe."[52] Im allgemeinen Aberglauben blutet diese markierte Stelle deshalb nicht, weil der Teufel den neu gewonnenen Hexen an dieser Stelle das Blut aussaugt.

Mittels einer langen Nadel stach der Henker nun in jede Narbe, in jedes Muttermal und in jeden Leberfleck am Leibe der Angeklagten. Dies ging aber meist nicht mit rechten Dingen zu. Oft deutete der Scharfrichter einen Stich nur an um den Beweis zu erbringen, dass angeklagte Person nicht blutete. Je nach Sympathie wurde auch hier das Urteil gefällt.

---

[51] Ebenda; S.59
[52] König, Hexenprozesse; S.60

Darstellung: Nadelprobe[53]

3.2.3. Die Wasserprobe

Die Wasserprobe oder das Hexenbad war am weitesten verbreitet und wurde fast immer öffentlich durchgeführt. In nahezu jeder Stadt wurde dies „im 16. und 17. Jahrhundert ausschließlich bei Zauberei bzw. Hexereiverfahren angewandte Verfahren, das auf der mittelalterlichen Praxis der Gottesurteile (Ordalien)[54] basierte, so durchgeführt, dass man die Verdächtigen auf eine bestimmte Art und Weise fesselte: Ihnen wurden der rechte Fuß und die linke Hand kreuzweise zusammengebunden. Anschließend wurden die Probanden an einer dafür ausersehenen Stelle, einem Burggraben, einem Teich oder einer tiefen Stelle in einem Fluss vom Scharfrichter ins Wasser geworfen. Blieb der Verdächtige für einen bestimmten Moment unter Wasser, galt die Probe als bestanden und der Verdacht als ausgeräumt."[55] In der Regel wurden die Verdächtigen dreimal aufs Wasser geworfen. Erschien der Körper zu früh wieder an der Oberfläche, so galt dies als schweres Indiz der Schuld. Viele Gerichte ordneten unmittelbar im Anschluss an die Probe, bei der die Verdächtigen „geschwommen" hatten, die Folter an.

Dass dabei viele ertrunken sind, oder das *reine, heilige* Wasser Unschuldige mit sich genommen hat, ist ein Gerücht, welches widerlegt wurde: „Die Wasserprobe sollte sich zu

---

[53] Vgl.: Internetquelle, Gerichtsmuseum
[54] Die Kaltwasserprobe ist bereits für das 9. Jahrhundert überliefert.
   Vgl. Nottarp, Gottesurteile; S. 173
[55] Fuchs, Hexenverfolgung; S. 45ff

einem Thema entwickeln, das spätere Generationen von Historikern und Heimatforschern des Ruhrgebiets faszinierte. Dabei sollten diese in ihrem Bemühen, die Prozesse als schauderhaft-brutal zu kennzeichnen, auch Unrichtiges behaupten. Dazu gehört etwa die Vorstellung, dass auch eine erfolgreiche Wasserprobe auf jeden Fall zum Tode geführt habe, indem die untergegangenen Menschen ertrunken seien."[56] Es sind vereinzelt unbeabsichtigte Tötungen vorgekommen, aber es ist hervorzuheben, dass die häufigen Anwendungen nicht zuletzt aus der konkreten Überlebenschance der Verdächtigen resultieren. „Nicht selten forderten sich tödlich verfeindete Nachbarn gegenseitig zur Kampfwasserprobe heraus."[57]

---

[56] Vgl. Walz, Der Hexenwahn; S.1-18
[57] Fuchs, Hexenverfolgung; S.45 ff.

Darstellung Wasserprobe[58]

3.2.4. Die Feuerprobe

Sie war weniger beliebt als die Wasserprobe. Die Angeklagte sollte ein glühendes Eisen in die Hand nehmen als Beweis für ihre Unschuld. Im Hexenhammer wird aber geschrieben, dass der Richter diese Probe nicht gestatten sollte, da der Teufel seine Anhänger schmerzunempfindlich machen konnte. Daher sei die Berufung auf die Feuerprobe als weiterer Verdachtsgrund zu sehen. [59]

3.2.5. Die Hexenwaage

„Da man glaubte, Hexen seien federleicht, so hielt man diejenigen, die nicht ein gewisses Gewicht hatten, der Zauberei überführt."[60]

Das Wiegen geschah vor einer besonderen Kommission, welche aus zwei Schöffen und dem Stadtschreiber bestand."[61] Die zu wiegende Person musste sich, bis aufs Hemd entkleidet, auf die Waage stellen. Vorher wurde sie gründlichst untersucht, ob sie nicht irgendwelche

[58] Vgl.: Internetquelle, Gerichtsmuseum
[59] König, Hexenprozesse; S.61
[60] König Hexenprozesse; S.62
[61] König, Hexenprozesse; S.63

Gewichte am Leib trage. Anschließend wurde ein Beglaubigungsschein erstellt. Entsprach sie dem vorgegebenen Gewicht, war sie von dem Verdacht befreit.

3.2.6. Die Gebetsprobe

Als weiteres Kennzeichnen einer Hexe galt auch ihre Unfähigkeit, das Vaterunser aufzusagen. Man glaubte, dadurch, dass sie dem Teufel diente, war sie nicht mehr in der Lage dazu dieses oder ähnliche Gebete aufzusagen. Dies entsprach meist wirklich der Tatsache, aber dies könnte auch andere Ursachen gehabt haben, dass es der Verdächtigen in dem Moment entfiel. Wahrscheinlich litt sie so unter panischer Angst, dass sie es nicht mehr auswendig aufsagen konnte. Auch hier führte das Versagen ins peinliche Verhör.

3.3. Foltermethoden bei Hexenprozessen

Professor Hansen erläutert in seinen Quellen den Artikel 44 aus der Carolina, der noch einmal Aufschluss darüber gibt, welche Folgen ein Hexenverdacht haben musste:

Von Zauberey gnugsam anzeygung (das Erkennen einer Zauberschen)
Item so ymand sich erpeut, anndere zu bezaubern betröwet unnd dem betrouten der geleichen beschicht, auch sonnderliche gemeinschafft mit zaubern oder zauberin hat oder mit sollchen verdachtlichen dingen, geberden, Worten und weisen umbgeet, die zauberey uff sich fragen, und dieselbig persone desselben sunst auch bercuhtigt: Das gipt ein redliche anzeigung der zauberey und genungsam ursach zu peinlicher frage[62]
Die peinliche Befragung im Hexenprozess unterschied sich nicht wesentlich von der Folter in anderen Prozessen. Allerdings wurde sie schärfer, länger und häufiger angewandt, um ein gewünschtes Geständnis zu erlangen.[63] Oftmals waren die Fragen so gestellt, dass sie den Gefolterten geradezu absichtlich verwirrten.

Männer wurden meist nackt oder halb bekleidet, Frauen in einem weiten Folterhemdchen gefoltert.[64] Dadurch sollte dem Gefolterten die menschliche Würde genommen werden.

Peinliche Verhöre dauerten Stunden, meist sogar Tage. „Die peinliche Befragung fand nur im Verborgenen, der Öffentlichkeit abgewandt, durch den Scharfrichter im Beisein einiger Gerichtspersonen, statt. Die Methoden, die hier angewandt wurden, überstiegen die Vorstellung eines human denkenden Menschen."[65] Allerdings ist es wichtig, hier zu vermerken, dass diese Foltermethoden durchaus als legitim galten und von der Obrigkeit zur Wahrheitsfindung gewünscht wurden.

---

[62] Hansen, Quellen; S. 342
[63] Vgl. Tarnowski, Hexen; S.30
[64] Vgl. Tarnowski, Hexen; S. 31
[65] Vgl. Höfinghoff, Carolina; S. (S.168-173)

Das Schema war meist dasselbe. Als erstes wurden den Angeklagten die Folterinstrumente gezeigt, um vor Augen zu führen, wie es ihnen erginge, wenn sie nicht geständig wären. Nicht selten reichte die Führung durch den Folterkeller schon aus, um sie zum Geständnis zu bringen. Sollte die besagte Hexe nicht geständig sein, begann man mit dem peinlichen Verhör. Dies bestand aus fünf Graden, die sich von der leichteren bis zur schwersten Folter steigerten.

Die gebräuchlichsten Folterwerkzeuge waren:

1. die Daumenschrauben; 2. die spanischen Stiefel; 3. die Schnüre; 4. die Leiter; 5. der gespickte Hase. Die Henker erfanden außer diesen am häufigsten angewandten Methoden noch weiter Foltermethoden, von denen später die Rede sein wird.

Als erstes griff der Henker zur Daumenschraube, einer kleinen eisernen Presse, deren innere Fläche eingekerbt war. Zwischen dieser inneren Fläche schraubte man das obere Glied des Daumens.[66] Es wurde solange daran geschraubt, bis die Angeklagte geständig war. Es gab natürlich auch Finger- und Handschrauben. Wurde nach einiger Zeit kein Geständnis erzwungen, kam die Gemarterte für einige Stunden in den dunklen Kerker zurück, während man für sie eine nächste Foltermethode vorbereitete.

Darstellung der
Daumen und Beinschrauben[67]

Die nächste Phase war meist das Umlegen des spanischen Stiefels. Ähnlich wie bei den Daumenschrauben wurden in diesem Fall Beinschrauben, um das Schienbein gelegt. Auch hier wurde solange gefoltert, bis die Person geständig war. Der Henker verstärkte den Schmerz noch zusätzlich, in dem er mit dem Hammer gegen das Bein klopfte.

---

[66] Kemper, Hexenwahn; S.21
[67] Vgl.: Internetquelle, Gerichtsmuseum

Als Schnüre verwendete man lange und dünne Hanfseile. Die Delinquentin wurde an den gefesselten Armen hochgezogen, ein Verfahren, das durch angehängte Gewichte weiter verschärft werden konnte. „Nicht minder gewaltsam war das Auseinanderziehen des Körpers mit Hilfe von Seilwinden: Das sogenannte *Strecken*."[68]

Die „Leiter" war vom Prinzip her ähnlich wie das Strecken, allerdings wurde der Delinquent an den gefesselten Händen stundenlang an ihr aufgehängt. Gewichte an den Füßen erhöhten die Qual. Diese Folter erpresste den Gefolterten meist ein Geständnis.

Darstellung: Aufziehen an den Schnüren
mit Gewichten an den Beinen[69]

Erreichte die „Leiter" wider Erwarten nicht ihren Zweck, so kam der „gespickte Hase" zum Einsatz. „Dieser bestand aus einer hölzernen Walze, die ringsherum mit spitzen Pflöcken versehen war. Diese Walze brachte der Henker dem auf der Leiter Hängenden im Rücken an und drehte sie um. Die Pflöcke drückten sich in das Rückrad hinein und verursachten hier unausstehliche Schmerzen."[70]

---

[68] Tarnowski Hexen und Hexenwahn, S.32
[69] Vgl.: Internetquelle, Gerichtsmuseum
[70] Kemper, Hexenwahn S.24

„...Durch Ausstäuben (Schlagen) mit einem Besen aus vielen Eisendrähten..."[71] wurden weitere Geständnisse erpresst. „Grausam war auch das Aufreißen des Rachens durch eine sogenannte „Maulbirne" oder Mundzwinge, die den Kiefer aufsperrte, damit ununterbrochen Wasser (*oft auch Branntwein. Dies nannte man in Recklinghausen die Branntweinprobe. Sie wurde bei einem Delinquenten laut Protokoll angewandt.*) in den Mund fließen konnte, bis der Leib sich aufblähte.[72]

Darstellung „Auspeitschen"[73]

Das Sitzen in einem Marterstuhl, der auf dem Sitz und auf der Rückenlehne mit spitzen Nägeln versehen war, gehörte mancherorts auch zur Foltermethode. Auf den Delinquenten wurde dabei immer wieder mit dem *Stäubebesen* eingeprügelt. „Die 'Eiserne Jungfrau', ein eiserner Mantel, innen ebenfalls mit spitzen Nägeln bestückt, in den die Frauen gezwängt wurden, hatte ähnliche Wirkung."[74]

Die Folterknechte brauchten zudem noch ein gewisses medizinisches Geschick, da die Opfer bei der Folterung nicht sterben durften. Laut der `Carolina` sollte diese Prozedur nur der *Wahrheitsfindung* dienen. Ein ordnungsgemäßes Verfahren musste in jedem Fall (zum Schein zumindest) gewahrt werden. In der Folter ging es auch hauptsächlich darum, Namen von anderen Hexen herauszubekommen. „Es hat Frauen gegeben, die unter diesen Torturen Namen von 120 sogenannten „Hexengenossinnen" preisgaben."[75]

---

[71] Thiesbrummel, Recklinghäuserinnen; S.29
[72] Vgl.: Ebenda S.29
[73] Vgl.: http://www.gerichtsmuseum-wolkenstein.de/
[74] Thiesbrummel, Recklinghäuserinnen; S.29
[75] Thiesbrummel, Recklinghäuserinnen; S.30

3.3.1. Die Folgen des Geständnisses

Nach dem Geständnis kam der Feuertod. So verlangte es der Artikel 109 der Carolina:

Item so jemand den Leuten durch Zauberey Schaden oder nachheyil zufüget, soll man ihn strafen vom Leben zum Tode, und man soll diese Strafe mit dem Feuer thun. Wo aber jemand zauberey gebraucht, unnd famit niemant schaden gethan hett, soll sunst gestraft werden, nach gelegenheit der sach, darinnen die urtheyler radt gebrauchen sollen, wie vom radt suchen geschrieben stehn.[76]

Wenn die Obrigkeit nachsichtig war, wurde die Hexe vorher erwürgt oder enthauptet. Doch im Normalfall wurde sie lebendig verbrannt. Hexenverbrennungen waren immer öffentliche Schauspiele, die ohne Rücksicht auf die Opfer nur einen Zweck verfolgten: die Zuschauer zu warnen und abzuschrecken. Zu solch einem Ereignis strömte die Bevölkerung von weither zur Richtstätte. Auch die Obrigkeit ließ es sich nicht nehmen anwesend zu sein.[77] Die Verurteilten wurden auf ihrem Weg zum Hexenpfahl von den anwesenden Gaffern beschimpft und beworfen.

Sollte es doch mal ein Verdächtiger geschafft haben, all diese Torturen zu überstehen und frei gelassen zu werden, hatte er kein angenehmes Leben. Es gab drei Arten von Gruppen, die es aus dem Kerker geschafft hatten.

Die einen waren alt oder krank und kamen somit in Armenhäusern unter. Hier wurden sie genau beobachtet, bei jedweder Auffälligkeit kamen sie zurück ins Gefängnis.

Die zweite Gruppe wurde für unschuldig erklärt und frei gelassen, da man entweder kein Geständnis abgelegt hatte oder sich der Verdacht als falsch erwiesen hatte. Doch ihre Freiheit war trügerisch, denn schon beim kleinsten Verdacht konnten sie erneut verhaftet, gefoltert und verurteilt werden. Abgesehen davon erhielten sie strenge Auflagen. Sie waren von allen Festen ausgeschlossen, auch sonst durften sie kaum ihr Haus verlassen. Sie lebten in einer Art Isolation.

Die dritte Gruppe gehörte zu denen, die des Landes verwiesen wurden. Sie hatten es sehr schwer. Insbesondere für die Frauen bedeutete die Vertreibung aus der Heimat oft ein Todesurteil auf Raten. Mittellos und verachtet irrten sie in der Fremde umher, wurden abgewiesen und schikaniert, verkamen und endeten irgendwo in Schmutz und Elend. Dennoch war der Landesverweis im Vergleich zu einem Todesurteil ein mildes Urteil.[78]

---

[76] Tarnowski, Hexen; S.34
[77] Ebenda; S.34
[78] Tarnowski, Hexen; S.33

II. Teil Die Stadt Recklinghausen im Mittelpunkt der Hexenverfolgung

1. Die Stadt Recklinghausen im historischen Überblick

Die Stadt Recklinghausen entstand aus einer karolingischen Burganlage um etwa 1017. Ihren Namen hat sie wahrscheinlich aus Ricboldinghusum. Wahrscheinlich nach dem Begründer dieser Burganlage. Im Anschluss an diese militärische Anlage entwickelte sich eine Marktsiedlung, die etwa 1228 als Sitz des Hohen (Go-) Gerichts und des erzbischöflichen Richters, dann 1236 erstmalig oppidum (Festung) genannt wird.[79] Der Name „Vest", im Mittelalter häufig vorkommend, ist für das Land zwischen Emscher und Lippe bis heute geblieben. Eine „Feste" wurde es deshalb genannt, da das Gebiet im Süden und Norden durch Flüsse, im Westen durch Wald und Ödland und im Osten durch Landwehr geschützt war. Später verlor das Wort seine militärische Bedeutung und bezeichnete einen Gerichtsbezirk.[80]

Im 16., 17. und 18. Jahrhundert kam es immer wieder zu ununterbrochenen Kriegen, unter denen das Vest, infolge seiner Grenzlage zu anderen Territorialgebieten, stets zu leiden hatte.[81]

Vor allem litt das Vest unter den Hauptkriegen der Truchsessischen Wirren, dem Dreißigjährigen- und Siebenjährigen Krieg. Aber auch in den Zeiten zwischen den Kriegen (1672-1748) wurde den Bewohnern des Vestes wenig Ruhe gegönnt. Denn auch die Kriege, die im Umkreis des Vestes Recklinghausen geführt wurden, schädigten das Vest, da es unendlich viele Durchzüge, Requisitionen und Winterquartiere gab, die die Menschen im Vest bedrohten. Dabei machte es wenig Unterschied, ob Freund oder Feind im Land erschienen, denn die Bevölkerung sah in allen mit Recht nur Plagegeister, die ihr Hab und Gut verzehrten und ihre persönliche Sicherheit bedrohten. Nicht zuletzt durch die gewaltsame Werbung zum Soldatendienst.[82]

„Der Kölnische Krieg knüpfte sich an die Bestrebungen des Erzbischofs Gebhard Truchseß von Waldburg, im Erzstift die reformierte Lehre durchzusetzen."[83] Im Vest Recklinghausen war die Meinung darüber geteilt: Der größte Teil der Adeligen und der Klerus stand auf Seiten des Domkapitels, dagegen waren die Geistlichen in Datteln, Waltrop und Bottrop Truchsessianer, ebenso manche Bürger in Recklinghausen. Mit den Waffen brachte der Truchsessische Oberst Engelbert Nie das Vest, vor allem Recklinghausen, durch Plünderung

---

[79] Dorider,; Vest Recklinghausen; S.23
[80] Vgl.: Bauermann; Zum ältesten Namen; S. 60-83
[81] Dorider, Vest Recklinghausen; S.24
[82] Ebenda; S.24 ff.
[83] Dorider, Vest Recklinghausen; S. 25

und Einführung des reformierten Gottesdiensts im Jahre 1587 in seine Gewalt. Der Kölnische Krieg endete allerdings mit dem Sieg der katholischen Sache und Recklinghausen erhielt dadurch seine Stadtschlüssel zurück. Von 1598 auf 1599 erlebte Recklinghausen den berüchtigten spanischen Winter. Zudem bezogen die Spanier mit Gewalt Quartier im Vest. Recklinghausen nahm es mit den Feinden auf und vertrieb sie. Nachdem die Spanier nach Osten vertrieben worden waren, brach die Pest in Recklinghausen aus. Die Bewohner konnten diesen weiteren Rückschlag nicht auffangen und somit sank die Bewohnerzahl in Recklinghausen drastisch ab, da viele wenn nicht durch die spanische Besetzung, dann durch die Pest dahingerafft wurden. Nach dieser Leidenszeit hatte das Vest für 23 Jahre Ruhe. Die Stadt konnte neu aufgebaut werden und die Einwohnerzahl stieg stetig an. Der Dreißigjährige Krieg forderte nach 23 Jahren Ruhe, weitere Opfer. Dies bedeutete für Recklinghausen eine neue Leidenszeit, die erst 1650 ihr Ende fand.

Zu Beginn des 18. Jahrhunderts, 1701 bis 1714, also gerade 50 Jahre nach dem Ende des Dreißigjährigen Kriegs, herrschte im Vest der Spanische Erbfolgekrieg. Der Krieg zog wiederum die Zerstörung der Stadthäuser nach sich und ließ die Bewohner in Angst, Armut und Schrecken leben. (Die nachfolgenden Territorialfehden, die das Vest Recklinghausen betrafen, werden hier nicht weiter erwähnt, da sie für diese Arbeit keine weitere Rolle spielen.)

Das Vest Recklinghausen blieb im Laufe der Jahre nie verschont. Kaum konnte es sich von den vorigen Zerstörungen der Stadt erholen, kam es schon wieder zu Kriegswirren, die die Bewohner der Stadt vermutlich erneut in Angst und Schrecken leben ließen.

2. Hexenverfolgungen im Vest Recklinghausen

„Frühe Hexenverfolgungen werden in Recklinghausen und Umgebung schon für das Jahr 1514 überliefert."[84] Der Hexen- und Zauberwahn wirkte in dieser Gegend geradezu verhängnisvoll. Vor allem in den letzten Jahrzehnten des 16. Jahrhunderts wurden die Hexen in Massen verurteilt und hingerichtet. Das war in jener Zeit, in der die sittliche Verrohung der Bevölkerung aufs höchste gestiegen war. Diese Verrohung ist durchaus auch auf Kriegswirren und die Pest zurückzuführen. Zwar sind auch in früheren Jahren für Recklinghausen verschiedentlich Quellen über Hexen auf dem Scheiterhaufen überliefert worden, doch handelte es sich dabei eher um Einzelfälle.

Die erste Hexenhinrichtung im Vest Recklinghausen scheint im Jahr 1514 stattgefunden zu haben.

---

[84] Vgl.: Mummenhoff, Hexenverfolgungen; S.75ff.

„Der Dortmunder Chronik des Dietrich Westhoff zufolge[85]hat der als vestischer Amtmann fungierende Graf von Schaumburg damals elf Wetterhexen „mit vuer" verbrennen lassen, weil sie die zwischen November 1513 und Januar 1514 eingetretene außergewöhnliche Frostperiode, durch die alle Wassermühlen außer Betrieb geraten waren, verschuldet haben sollen."[86] Einer der verdächtigen Zauberinnen soll es gelungen sein zu fliehen. Sie wurde allerdings „wieder eingefangen, zur Horneburg zurückgebracht und ebenda verbrannt."[87]

Bis zum Beginn der 1580er Jahre blieb es bei singulären Hexenprozessen. Die Hochphase in Recklinghausen lag in der Zeit zwischen 1580 und 1589. In diesen neun Jahren trat eine große, durch zeitgenössische Quellen belegte Verfolgungswelle ein. Leider sind bis heute die eigentlichen Prozessakten dazu verschollen geblieben. Somit kann man lediglich die Namen der einzelnen Opfer und die durch sie verursachten Ausgaben in Rentenmeisterrechnungen, für das Jahr 1580 unter dem Titel „außgifte der toverschen, von den Aufwendungen für „kost und beer" bis hin zu den Hinrichtungskosten"[88] finden. Dadurch ist es schwierig, den Hergang genau zu rekonstruieren.

Aus den Unterlagen geht lediglich hervor, dass die Prozesse zwischen Juli und November 1580 stattgefunden haben müssen und mit der Verbrennung von 29 Personen - 23 Frauen und sechs Männern - endeten. Auch im darauf folgenden Jahr, zwischen Februar und August, wurden weitere Personen festgenommen, 18 davon verbrannt. Das Schicksal der anderen vier Personen bleibt im Unklaren. Danach stagnierten die Verfolgungen. Eine weitere Verfolgungswelle mit einer noch größeren Verfolgungsintensität wurde in den Jahren 1588/89 erreicht. Zwar ist in den Rentmeisterrechnungen von drei (1588) bzw. vier (1589) Hexenhinrichtungen die Rede, dies muss allerdings ein Irrtum sein, da es in den Kellnereirechnungen der Horneburg Belege dafür gibt, dass gegen mindestens 45 Personen „toverie halber" ermittelt wurde. Der damals fungierende Scharfrichter zu Recklinghausen hieß Meister Arndt.

Insgesamt wurden in der Zeit zwischen 1514 und 1706 im Vest Recklinghausen 130 Zauberer und „Zaubersche" (so nannte man damals verdächtige Frauen, die der Hexerei angeklagt wurden) wegen Hexereiverdachts hingerichtet. Die verfolgungsreichsten Jahre waren die 80er Jahre des 16. Jahrhunderts. Dauer der Untersuchungshaft und Anwendungen der Folter sind

---

[85] Vgl.: Gersmann, Toverie halber; S.14; Dazu: Dortmunder Chronik des Dietrich Westhoff, zitiert hier nach Hansen, Quellen; S.607

[86] Vgl.: Gersmann; „Toverie halber…"; S.14; Dazu auch: Rübel, Hexenaberglaube, S.96-117, hier: S.100f.
Aus den elf Opfern wurden in der Sekundärliteratur fälschlicherweise „eine Zauberin" gemacht. Vgl. Esch, Beitrag zur Geschichte der Hexenprozesse, S.75.

[87] Mummenhoff, Hexenverfolgungen; S.75ff.

[88] Stadtarchiv Recklinghausen, Akte

nur vereinzelt aktenkundig. Ziemlich auffällig sind vor allem im Vest Recklinghausen die verwandtschaftlichen Beziehungen zwischen den verurteilten Personen. Insgesamt lassen sich folgende Angaben dazu machen:

Es wurden sechs Ehepartner hingerichtet, sieben mal Mutter und Tochter und in drei Fällen waren es Geschwister. Einmal drei Schwestern und zwei Brüder und einmal ein Bruder mit seiner Schwester[89]. Die Prozesskosten für die spätere Hinrichtung der Hexen und Zauberer hatten mitunter die hinterbliebenen Nachbarn bzw. Verwandte zu zahlen, wenn aus dem Nachlass der Opfer nicht genug zu holen war. „Es war nämlich mit der Stadt das Abkommen getroffen worden, dass die aus ihr stammenden Personen, auch auf ihre Kosten hingerichtet werden sollten. Darum scheint sich die Stadt nicht sonderlich gekümmert zu haben, da die Stadtrechnungen nur verhaltensmäßig wenige Ausgaben in dieser Hinsicht vermerkten, (...)"[90]

Recklinghausen wurde über dies nachgesagt, so weit es die Prozessakten bzw. Rentmeisterkellerrechnungen hergeben, dass die Obrigkeit gerne in die eigene Tasche gewirtschaftet hatte.[91] Das kann man schon an folgendem Beispiel erkennen, dass sie ein Ehepaar verurteilt hatte, das einen guten, wohlhabenden Stand besaß und zudem keine Kinder hatte. Der gesamte Nachlass ging auf die Stadtkasse über.

Zudem lassen sich folgende Merkmale stichpunktartig für das Vest Recklinghausen hervorheben:

Zum einen gab es eine Mehrzahl weiblicher Angeklagter. In anderen Städten waren durchaus auch Männer in der Überzahl.

Zum anderen überwiegen die verwandtschaftlichen Beziehungen, wobei man aus heutiger Sicht nicht unbedingt alle zuordnen kann, da sie oft gleichklingende Nachnamen hatten.

Zum dritten gab es hier sehr viele Wasserproben. Auch die Tränen-, die Nadel- und die Branntweinprobe findet man in einigen Aufzeichnungen wieder.

Zum vierten wurde ausschließlich auf Feuertod entschieden, und zum letzten kam der Einfluss von Habsucht auf Prozessurteile vermehrt vor.[92]

---

[89] Vgl.: Schulz, Staatsarbeit; Liste der verurteilten Verwandten, S. 68
[90] Mummenhoff, Hexenverfolgungen, S.80
[91] Vgl.: Mummenhoff, Hexenverfolgungen; S. 80f.
[92] Schulz: Staatsprüfung; S.68

2.1. Hinrichtungsverfahren im Vest Recklinghausen

Gerichtet wurde im Vest nach der `Carolina`, der peinlichen Gerichtsordnung Kaiser Karls V. Zuständig für alle Zivil- und Kriminalsachen waren die beiden hohen weltlichen Gerichte zu Recklinghausen und Dorsten.

Die für Recklinghausen am häufigsten angewandte Hinrichtungsart ist das Verbrennen. Diese Strafe wurde ausschließlich bei Hexenprozessen angewandt. Obgleich die Hinrichtung durch das Richtschwert billiger gewesen wäre, wurden die Opfer zum Flammentod verurteilt. Diese bevorzugte Hinrichtungsart diente zusätzlich der Abschreckung, um den Bewohnern vor Augen zu führen, dass die Justiz die größere Macht hatte und dass Zauberei erbarmungslos geahndet wird.

Zudem wurde im Vest immer wieder, wie schon oben erwähnt, die Wasserprobe bei Zaubereibezichtigung vermerkt. Bevor die Verdächtigen gefoltert wurden, mussten sie sich der Wasserprobe unterziehen, dies immer, sobald ein Verdacht vorlag. In Recklinghausen wurde die Wasserprobe auf dem Bredendyck zwischen dem Lohtor und dem Martinitor durchgeführt.[93] Es kam dort auch häufig zur inoffiziellen „Kampfwasserprobe"[94]. Dies bedeutete, dass sich die Bewohner gegenseitig dazu aufgefordert hatten, sich der Wasserprobe zu unterstellen. Sobald ein Nachbar oder Freund den anderen verdächtigte, trafen sie sich, mit Zeugen, in einer Mergelkuhle oder am Bredendyck und führten da ihre Wasserprobe durch. Man erhoffte sich dadurch, sich von dem Zaubereiverdacht zu bereinigen. Dies diente vor allem dazu, den Nachbarn und vor allem Neidern zu beweisen, dass man unschuldig war. Belegt ist, dass ein Knecht sich ein Zubrot damit verdienen wollte und verbotener Weise diese Proben als eine Art „Scharfrichter" durchführte. Die Frauen oder Männer, die geschwommen sind, also nicht wie gehofft, untergingen, sollen danach noch kaum das Haus verlassen haben, einem Bericht zufolge aus Furcht,

„...dass die Kinder sie mit erdklumpen und dergleichen Dingen (...) (be)werfen würden."[95]

Es gab also im Ruhr-Lippe-Raum neben der staatlich angeordneten Verfolgung auch nachbarliche Verfolgungen im Alltag. Dies war natürlich sehr häufig nicht aktenkundig. Es wurden sogar Dokumente gefunden, in denen ein ganzes Dorf darum bat, offizielle Wasserproben durchzuführen. Der Wunsch nach den Wasserproben war demnach so groß, dass die öffentliche Schaulust bei Wasserproben bald den Charakter eines

---

[93] Vgl.: Lundt, Vergessene Frauen; S. 255
[94] Gersmann, „Toverie halber..."; S. 22
[95] Aus: Fuchs, Hexenverfolgung; S.46

„Wasserprobentourismus" annahm, sozusagen als eine Art Reinigungsritual.[96] Jeder wollte sich vom Verdacht reinigen, meist noch, bevor er entstand.

Diese Art Vorgang stand mit den ersten Verfolgungswellen im Vest Recklinghausen im Jahr 1580/81 im Zusammenhang. Wie man daran unschwer erkennen kann, herrschten Angst und Misstrauen in der Bevölkerung. Niemand fühlte sich mehr sicher. Im Vordergrund stand die Angst, verhext zu werden oder auch wegen irgendeinem unsittlichen Benehmen in Verdacht zu geraten. Es wurde bald bekannt, dass es nur diesen einen Weg gab, sich des Verdachts zu entledigen. Deshalb unterzogen sich die meisten Leute aus dem Vest Recklinghausen dieser Probe. Was die Leute nicht wussten, war, dass dieses System von der Obrigkeit so gewollt war. Diese sah nämlich in diesem Wahn nur einen Vorteil: Die Hexen zu entlarven, dingfest zu machen und zu verurteilen.

Dies geschah meist in drei Schritten: Im ersten Schritt ließen sich die Verdächtigen auf die Wasserprobe ein und vermittelten somit, dass sie von ihrer Unschuld überzeugt waren und dies auch jedem mitteilen wollten. Mit dem Scheitern der Wasserprobe im zweiten Schritt brach für sie eine Welt zusammen. Sie fingen an, über ihr Leben und vor allem über ihre Sünden nachzudenken. „Fast alle, die auf dem *Mollendyk* zu Horst geschwommen hatten, waren bereit im Rückblick ihres bisherigen Lebens Verfehlungen zuzugeben."[97] Bei den Geständnissen ging es zumeist um verbotene sexuelle Handlungen wie Ehebruch und Blutschande. Der dritte und letzte Punkt war die Folter, wobei die meisten (wie im ersten Teil schon ausführlich beschrieben) beim Anblick der Folterinstrumente Geständnisse ablegten. Natürlich waren sie zudem bereit alles zu gestehen, was ihnen unterstellt wurde. Sie gaben auch bereitwillig Namen von weiteren Hexen an. Meist waren es Leute aus dem Bekanntenkreis, mit denen die Verhörten gerade zerstritten waren.

Die Fragen der Inquisitoren waren so gestellt, dass sie immer das gleiche zu hören bekamen. Die Verdächtigen wurden nicht wahllos befragt und gefoltert. Die Regeln eines ordentlichen Prozesses mussten stets eingehalten werden. Dazu gehörte die Befragung nach vorher festgelegten Frageschemata, den sogenannten *Interrogatorien*. Diese waren in 12 Unterpunkte geordnet, die sich, bis auf den ersten Punkt, der sich mit den Angaben der Person beschäftigte, alle auf den Pakt mit dem Teufel konzentrierten.[98]

Hingerichtet wurde in Recklinghausen auf dem Sevensberg (heute Segensberg bei Hochlar)[99]. Hier stand der Hauptgalgen und hier wurden auch die Scheiterhaufen aufgebaut. Die

---

[96] Ebenda.; S.45f.
[97] Fuchs, Hexenverfolgungen; S.46
[98] Siehe die Liste aus: Behringer, Hexenprozesse; S. 280-284
[99] Pennings, Geschichte der Stadt; S. 396f.

Hingerichteten wurden nur dann in geweihter Erde bestattet, wenn das Gericht dies als besondere Gnade zugestanden hatte. Aber in der Regel erfolgte die Beerdigung auf der Richtstätte.

Der Missetäter wurde gefesselt zur Richtstätte geführt; konnte er nicht mehr laufen, wurde er mit dem Karren gefahren. „Der Richtweg führte durch die Steinstraße und das Steintor"[100]. Und dieser war wahrscheinlich meist von Schaulustigen überfüllt. Denn so eine Hinrichtung war zu damaliger Zeit ein großes Ereignis. Angekündigt wurde es meist ein paar Tage vorher. Somit blieb genug Zeit, dass sich dieses Ereignis sehr schnell herrumgesprochen hatte. Die Schaulustigen kamen oft auch aus den umliegenden Dörfern. Niemand wollte sich so ein Ereignis entgehen lassen. Während der Verurteilte zur Richtstätte geführt wurde, wurde er noch wild von den Bewohnern beschimpft. Alle Wut, die sich unter den Bewohnern ausgebreitet hatte, konnte an ihm entladen werden. Oft wurde der Verurteilte auch mit faulem Obst und Gemüse beworfen. Dies war eine zusätzliche Demütigung für ihn. Doch für die Schaulustigen war es meist derjenige, den sie für ihr Unglück verantwortlich machen konnten. Als Gefängnisse dienten damals die Stadttürme. Die Hexen wurden vor allem im Bischof- und Quadenturm[101] untergebracht. Die Verpflegung im Turm war auskömmlich. Es gab ausreichend Brot und Bier und auch oft Fleisch, Butter und Käse. Dennoch waren die Verhältnisse in einem dieser Gefängsnistürme sehr schlecht. Die Hygiene war sehr schlecht. Oft starben die Gefangen auch in ihren Zellen an Krankheiten, da neben Ratten auch andere Kriechtiere hier ihr Zuhause hatten. Abgesehen davon war es kalt, dunkel und es kam keine frische Luft in die Zellen. Ihre Notdurft verrichteten die Gefangenen in einer Ecke der Gefängniszelle. Es ist kaum vorstellbar, wie es darin gerochen haben muss.

Dies erwähnen die Akten nicht. Es wird nur belegt, dass einige Frauen, bereits während ihrer Inhaftierung im Gefängnis verstorben waren. Vermutlich starben einige an mangelnder Hygiene und der daraus folgenden Krankheit.

3. Die herrschaftlichen Verhältnisse im Ruhr-Lippe-Raum

Nach den zurzeit bekannten Unterlagen wurden in Recklinghausen in der Zeit zwischen 1514 und 1706 mehr als 130 Menschen, darunter 104 Frauen, nachweislich wegen Hexerei und Zauberei angeklagt. Im Vergleich zu anderen großen Städten im Ruhr-Lippe-Raum, gab es hier die meisten Opfer. Ursache dafür könnten die herrschaftlichen Verhältnisse im Vest sein.

---

[100] Pennings, Geschichte der Stadt; S. 397f
[101] Vgl.: Pennings.; Geschichte; S.396. Zum Qudenturm: Quad= Schlecht, Böse. Soll soviel wie der Turm der Bösewichte, bedeuten.

Das Vest Recklinghausen, welches im Nordwesten der Grafschaft Mark lag, gehörte politisch zum kurkölnischen Territorialverband und wurde über einen Statthalter repräsentiert. Da der Schwerpunkt der Verfolgungen im kurkölnischen Bereich anzusehen ist, ergibt sich die Frage, warum es in Kleve - Mark nur vereinzelt zu Hexenprozessen gekommen ist. Schließlich gehörte dieser Bereich auch zum kurkölnischen Territorialverband. Die Beantwortung dieser Frage muss im Weiteren Ergründet werden.

Der Kontrast zum Vest Recklinghausen war sehr groß. In Orten wie Bochum, Wetter, Unna, Kamen, Hattingen (sämtlich märkisch) sowie Wesel (klevisch) sind keine obrigkeitlich durchgeführten Hexenprozesse belegt. Diese fanden ausschließlich in den Städten Dorsten und Recklinghausen statt.[102] Wie man an der Tabelle unten ersehen kann, gab es im Vest Recklinghausen die meisten Hexenprozesse. Demnach ist es wichtig, die Hexenverfolgungen im Vest vor dem Hintergrund der politischen Verhältnisse zu Kurköln genauer zu betrachten. Der zu Bonn residierende Kurfürst, insbesondere Ferdinand von Wittelsbach, war gleichzeitig Landesherr über die vestischen Untertanen. Da in Recklinghausen die Hexenverfolgungen besonders intensiv waren, ist man in der neuesten Forschung davon ausgegangen, dass dies an der persönlichen Einstellung des Kurfürsten gelegen haben könnte. Insbesondere während der Verfolgungswellen des 16. und 17. Jahrhunderts konnte man dies festellen. So wurde bereits Ferdinand von Wittelsbach als Fanatiker betrachtet. Er übte seit 1595 maßgeblichen Einfluss auf die Verwaltung aus und entwarf ein Ausrottungsprogramm zur Vernichtung der Hexen in seinem Herrschaftsbereich.[103] Vermutlich lag es auch an der persönlichen Neigung der Kurfürsten, ob und wie intensiv die Hexenverfolgungen im jeweiligen Zuständigkeitsbereich stattgefunden haben.

Aber dies wäre nur eine Vermutung von vielen, warum es in Recklinghausen vermehrt zu Hexenprozessen gekommen sein könnte. Die weltlichen Herrscher, sowie der Klerus und auch die Bewohner einer jeden Stadt trugen ausschlaggebend dazu bei, dass Hexenprozesse stattfanden. Ohne deren Mithilfe wäre es wahrscheinlich nie zu diesem Ausmaß in Recklinghausen gekommen. Machtgier, Korruption, Neid und Missgunst waren Gründe, die dazu geführt haben. Auch die nachbarlichen Verhältnisse, die in Recklinghausen oft nicht die Besten waren, trugen ausschlaggebend dazu bei.

Diese Hexenvernichtungswellen waren ein so genannter Freischein für den Barbarismus.

Tabelle 1:[104]

Todesopfer der Hexenverfolgungen im Ruhr-Lippe-Raum

---

[102] Pennings.; Geschichte der Stadt; S.12
[103] Fuchs, Hexenverfolgung; S.39
[104] Ebenda; S.145

Jurisdiktion	Opferzahl
Vest Recklinghausen	130
Herrschaft Westerholt	1
Stift Rellinghausen	40
Herrschaft Witten	21-25
Reichsstadt Dortmund	16
Stift und Stadt Essen	3
Duisburg, Ruhrort, Hamm	13
Horst im Broiche	6

3.1 Die Strafgerichtsbarkeit in Recklinghausen

In Recklinghausen herrschte auf dem Gebiet der Strafgerichtsbarkeit große Verwirrung, da die Grenzen der Zuständigkeit fließend waren. „Ein einhaltiges und straff organisiertes Gerichtswesen war der damaligen Zeit noch fremd. Der Landesherr besaß die Hauptbefugnisse der Gerichtshoheit. Es fehlte in Recklinghausen an klaren Bestimmungen."[105] Die Zivilgerichtsbarkeit wurde von zwei einheimischen Gerichten ausgeübt, zum einen vom Magistratgericht der Stadt und zum anderen vom Hohen Gericht durch den Landesherrn.

Sie richtete sich nicht nur nach dem Stande des Unschuldigen, sondern auch nach der Art und Schwere des Vergehens.

Da hier in dieser Arbeit das Zauberei - Delikt im Vordergrund steht, werden die anderen Delikte nur in Bezug auf dieses Vergehen behandelt.

Folgende Vergehen wurden u.a. im Vest vor dem Sendgericht abgeurteilt: Fluchen, Saufen, unordentlicher Haushalt, Unzucht, verbotene Ehen, Verletzungen der Sonntagspflicht, Verachtung des Gottesdienstes, Winkelpredigten, Ketzerei und Wucher.[106] Wie man unschwer erkennen kann, wurden die Bewohner der Stadt genau beobachtet. Aber nicht nur durch die Kirche oder der Justiz. Gerade die Bewohner Recklinghausens kontrollierten sich gegenseitig. Nur durch regelmäßige Meldungen, durch Spitzel oder gewöhnliche Nachbarn, konnte die Justiz immer wieder neue Gesetzeslose aufgreifen.

Jeder kleinste Fehltritt wurde vors Gericht gebracht. Da ist es nicht verwunderlich, dass die Bewohner gerade in der Zeit der Hexenverfolgung in Angst lebten. Gerade voreinander.

Das war allerdings nicht immer so. „In Recklinghausen stand im 16. Jahrhundert menschliches Verstehen im Vordergrund. Gerade in dieser Zeit herrschten mildernde

---

[105] Vgl.: Mummenhoff, Gerichtsverhältnisse; S.1-58

[106] Vgl.: Pennings; Geschichte der Stadt; S. 378-406

Umstände(…). Als mildernder Umstand galt es, wenn die Tat im Zustande der Trunkenheit begangen wurde, oder wenn etwa Beleidigungen bloß „mit heißem heftigen Gemüt", d.h. in Erregung ausgesprochen wurden. Namentlich im letzten Fall sieht der Rat von einer eigentlichen Bestrafung ab und begnügt sich mit einer Verwarnung."[107]

Der Pranger in Recklinghausen hat seine eigene Geschichte. Er stand den Quellen nach wahrscheinlich auf dem Hofe des Rathauses. Nach dem großen Brand im Jahre 1500, bei dem die Stadt Recklinghausen fast bis auf die Grundmauern niederbrannte, wurde er im Jahre 1517 neu errichtet. Rentmeisterkellerrechnungen zufolge wurde für seinen Bau eine Menge Holz und eine große Anzahl an Arbeitstagen in Rechnung gestellt, sodass man annehmen darf, dass er ziemlich aufwändig gebaut war. Wiederholt wird in den Quellen eine Tonne erwähnt, die mittels eines Hakens und zwei Klammern am Schandpfahl befestigt wurde. In diese Tonne wurden die Übeltäter hineingesteckt, sozusagen zur Belustigung der gaffenden Leute. In den Fällen, in denen das Urteil in Abwesenheit des Beschuldigten gefällt wurde, heftete man dessen Namen an den Pranger. Somit wusste jeder, der einigermaßen lesen konnte, über dessen Vergehen bescheid. Auch dies zeigte große Wirkung. Die Leute wurden geächtet und gleichzeitig war es eine Warnung an andere.[108]

Auch hier sticht das Prinzip der „Durchsichtigkeit" eines Menschen klar heraus. Jeder war über die Taten eines anderen genauestens informiert.

3.2. Die Zuständigkeit im peinlichen Verfahren

Gerade die Frage der Zuständigkeit ist für die Erforschung der Ursachenerklärung sehr wichtig. Deswegen gilt es die Gründe herauszufiltern, warum es in bestimmten Zeiten, vor allem in den 80er Jahren des 16. Jahrhunderts, Massenverfolgungen gab und in anderen Zeiten nur vereinzelt Fälle belegt worden sind.

„Diejenigen Vergehen, die nach der peinlichen Halsgerichtsordnung Karls V. mit dem Tod oder Verstümmelung bestraft wurden, nannte man die sogenannten peinlichen Vergehen."[109] In diesem Fall war allein das landesherrliche hohe Gericht als Kriminalgericht zuständig. Die Stadt Recklinghausen hatte auf das blutgerichtliche und peinliche Verfahren sehr großen Einfluss. Diesen Einfluss besaßen nur noch zwei weitere westfälische Städte, nämlich Olpe und Münster. Im Vest hatte sich im Bereich der Zuständigkeit die alte sächsische Gerichtsordnung erhalten.[110] Die Stadt besaß viele Rechte und Freiheiten, unter anderem auch

---

[107] Ebenda; S. 389
[108] Vgl.: Pennings; Geschichte der Stadt; S.378-406
[109] Thiesbrummel Recklinghäuserinnen, S.24
[110] Ebenda; S.25

die Handhabung der Kriminaljustiz. Der gewählte Landesherr musste schwören, dass er die Privilegien und Rechte seiner Stadt zu schützen und zu achten hatte.

Spätestens seit dem 16. Jahrhundert entschieden ausschließlich die Bürgermeister und Ratspersonen als Schöffen in peinlichen Angelegenheiten, d.h., bei Zaubereidelikten.[111] Der landesherrliche hohe Richter übte zwar den Vorsitz aus, hatte jedoch keine Machtbefugnisse und kein Stimmrecht. „Er war lediglich Verhandlungsleiter und durfte zum Schluss das Urteil verlesen, das jedoch vom Rat gefällt wurde."[112] Der Richter hatte nur in bürgerlichen Rechtsstreitigkeiten Stimmrecht und damit Anteil an der Urteilsfindung.[113]

Da der Rat nicht immer zusammentreten konnte, wurden die Ratsgeschäfte von den beiden Bürgermeistern geführt. Sobald eine Person zur ersten Befragung geladen wurde, mussten immer zwei Kriminalschöffen anwesend sein. Meist übernahmen diese Aufgabe die beiden Bürgermeister, die gleichzeitig auch das Amt als Schöffen übernahmen. Da die Verhafteten meistens bei dieser ersten Befragung nicht geständig waren, wurde die Folter vorbereitet. Auch diesen Beschluss trafen die beiden Bürgermeister. Jedoch konnten sie dies nicht so einfach anordnen, da sie vorher eine Ratssitzung einberufen mussten. Dabei berichteten sie dem Rat von dem Verhör und erklärten, warum sie es für notwendig befanden, diese Person zu foltern. Erst danach wurde ein entsprechender Beschluss gefasst. Demnach lag es auch hier an den beiden Bürgermeistern, ob eine Beschuldigte gefoltert wurde oder ob man von Foltermaßnahmen absah.

Deswegen ist es an dieser Stelle von großer Bedeutung die Bürgermeisterwahl im 16. und 17. Jahrhundert einmal genauer zu betrachten, natürlich im Zusammenhang mit der Hexenverfolgung.

Die Tabelle entspricht den Angaben aus den Unterlagen der Frauen- Geschichtswerkstatt: *Von Hexen und anderen Recklinghäuserinnen.*[114]

---

[111] Pennings; Geschichte der Stadt S. 395
[112] Thiesbrummel, Recklinghäuserinnen, S.25
[113] Pennings; Geschichte der Stadt; S. 395
[114] Thiesbrummel, Recklinghäuserinnen, S.20-23

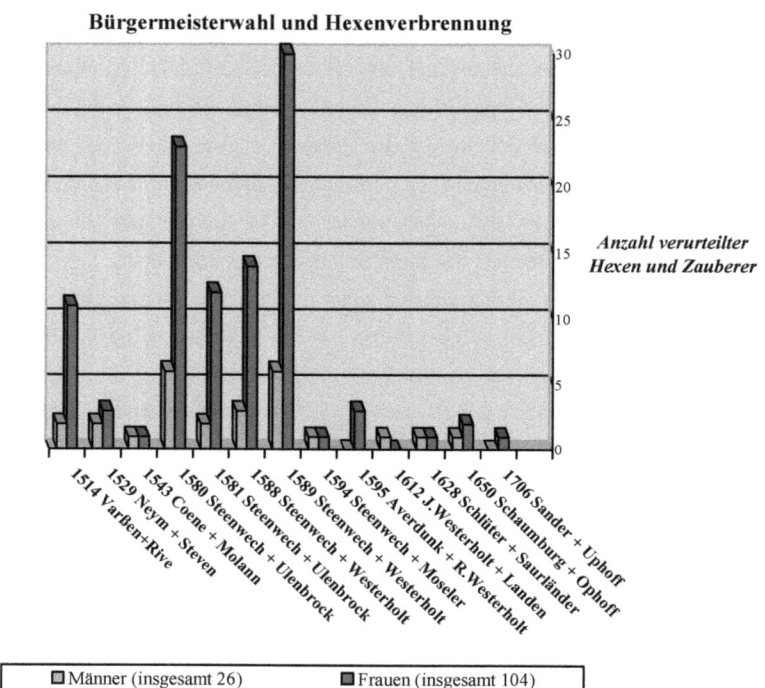

Bürgermeisterwahl und Hexenverbrennung

Anzahl verurteilter Hexen und Zauberer

☐ Männer (insgesamt 26)   ■ Frauen (insgesamt 104)

Wie schon oben beschrieben, lag die eigentliche Macht in einem Strafverfahren bei den beiden Bürgermeistern. Wie man anhand dieser Tabelle erkennen kann, gab es unter der Regentschaft bestimmter Bürgermeister sehr viele Hexenprozesse. In den Jahren 1580 bis 1589, in denen als erster Bürgermeister Rotger Steenwech seines Amtes in Recklinghausen waltete, steigt die Hexenverfolgung drastisch an. Das lag auch daran, dass in dieser Zeit „die Entscheidung fiel, ob Stadt und Vest Recklinghausen hinfort katholisch oder evangelisch sein sollten (…)"[115] In dieser Zeit der Verwirrungen erreichten die Hexenverfolgungen ihren Höhepunkt.

Stellt man im Rückblick die Verfolgungswellen in Deutschland und die in Recklinghausen einander gegenüber, stellt man fest, dass es die jeweiligen Verfolgungshöhepunkte zeitlich auseinander klaffen. Die eigentliche Verfolgungswelle der Hexenprozesse in Deutschland soll in den 30er Jahren des 17. Jahrhunderts, also während des Dreißigjährigen Krieges, stattgefunden haben. Das Vest blieb jedoch von den großen Verfolgungswellen im übrigen

---

[115] Mummenhoff, Hexenverfolgungen; S.47 ff.

Deutschland der 1620er und 30er Jahre verschont. Im Vest Recklinghausen gab es in dieser Zeitphase nur vereinzelt Fälle von Hexenprozessen. Hier war die Hochzeit der Hexenprozesse 40 Jahre vorher, in den Jahren zwischen 1580 und 1590.

4. Ursachen für die Verfolgungswellen in Recklinghausen 1580 bis 1590

Wie aus den Akten hervorgeht, war der Verfolgungseifer der Obrigkeit in den 80er Jahren des 16. Jahrhunderts sehr intensiv.

Anhand der Kellnereiaufzeichnungen des horneburgischen Kellners ist es möglich, die Chronologie der Prozesse nachzuvollziehen.

Die Überlieferungen zu den Vorgängen sind allerdings spärlich und nur grob können Hintergründe für die Hexenjagd nachgezeichnet werden. So kann man für die erste Verfolgungswelle Anfang der 80er Jahre nachweisen, dass in Recklinghausen eine Pestwelle um sich griff, bei der viele Bewohner ihr Leben lassen mussten.

Zudem herrschte der Kölnische Krieg. Dieser knüpfte an die Bestrebungen des Erzbischofs Gebhard Truchseß von Waldburg an, die reformierte Lehre durchzusetzen. Oberst Engelbert Nie brachte das Vest mit Waffen in seine Gewalt. 1583 wurde das Vest Recklinghausen geplündert und der reformierte Gottesdienst eingeführt.[116] Die in dieser Zeit amtierenden Bürgermeister, Rotger Steenwech und Joh. v. Westerholt[117], hatten ebenso darunter zu leiden wie die Bevölkerung. Sie hatten die Stadtschlüssel verloren und steckten in einer großen Krise, da sie nicht wussten, ob die Stadt nun katholisch bleiben konnte, oder ob sie evangelisch wurde. Dieses Ereignis dürfte von vielen Untertanen und den lokalen Obrigkeiten offensichtlich ebenfalls als Unglückskette angesehen worden sein, die auf Gottes Zorn zurückginge und damit die Überlegungen zur „Reinigung" von den Sündern in den eigenen Reihen intensiviert haben.[118]

Auch das Wetter spielte der Bevölkerung Anfang der 80er Jahre einen Streich. Es gibt Belege für eine Getreideknappheit in der Region, durch die man wiederum auf Missernten schließen kann.[119] Während in den Jahren zwischen 1530 und 1560 die Temperaturen in Mitteleuropa deutlich nach oben gehen, schlug diese „kleine Warmzeit"[120] 1570/80 in eine Kälteperiode um. Verspätete Frühjahrsperioden, häufige Kälteeinbrüche im Sommer, unfreundliche

---

[116] Dorider, Vest Recklinghausen; S.25
[117] Thiesbrummel, Recklinghäuserinnen; S.45
[118] Fuchs, Hexenverfolgung; S.144
[119] Fuchs, Hexenverfolgung; S.39 f.
[120] Burhenne, Wetter; S. 143

Herbstwitterung waren einige Anzeichen für schlechte Ernten. Dieses Wetter hielt an bis 1650.[121] Missernten, Teuerungen und Hunger waren die Folgen dieses Wetterumschwungs.

Nach dem Abbruch der Verfolgungswellen im Jahr 1581 wurden erst wieder in den Jahren 1588 bis 1590 im Vest intensive Ausforschungen betrieben, um „Zauberer und Zaubersche" ausfindig zu machen.[122] Auch hierfür gab es Gründe.

Wie schon in Kapitel zwei erwähnt, war die sittliche Verwahrlosung der Bevölkerung in den 80er Jahren aufs höchste gestiegen. Die Menschen konnten sich diese Missgeschicke nicht erklären und suchten ihrerseits einen Sündenbock, der dafür verantwortlich zu machen sei. „Solcherlei Unglücke, von denen viele Menschen betroffen waren, bildeten ihrerseits typische Anlässe für den Ruf nach Bestrafung von gotteslästerlichem Leben."[123] Es ist durchaus davon auszugehen, dass sich die Menschen bedroht gefühlt und deshalb alles daran gesetzt haben, die vermeintlichen Missetäter, die mit ihrem Schadenszauber so großes Unglück über sie gebracht haben, zu entlarven und aus dem Weg zu schaffen.

In den knapp zehn Jahren der großen Verfolgungswelle in Recklinghausen lässt sich belegen, dass unter der Regentschaft von Bürgermeister Rotger Steenwech ca. 90 Opfer ihr Leben lassen mussten. Die Tabelle auf Seite 29 unterstützt noch einmal diese Vermutung. Da bleibt es nicht aus, solcherlei Schlüsse daraus zu ziehen. Anhand ihrer kann man die wichtigsten Fakten ablesen. Die Namen der Opfer stehen dabei außen vor, da sie für die Ursachenuntersuchung nicht von Bedeutung sind.

Ähnliche Massenverfolgungen wie in der Stadt Recklinghausen und ihrer unmittelbaren Umgebung lassen sich für die angrenzenden Gebiete in den 80er Jahren nicht registrieren.[124]

4.1. Das Ende der Hexenverfolgungen im Vest Recklinghausen

Die Hexenverfolgungen im Vest Recklinghausen fanden ihr Ende im Jahre 1706. „Die Verfahren wurden bis zuletzt von bitteren Alltagskonflikten bestimmt."[125]

Nach den Massenprozessen im 16. Jahrhundert kam es im Vest nur noch vereinzelt zu Hexenprozessen. Die Intensität des 16. Jahrhunderts wurde im Vest Recklinghausen nie wieder erreicht. Dies wird in der Tabelle auf Seite 39 dargestellt. Es stellt sich beim Betrachten dieser Tabelle, die Frage, wieso es überhaupt noch zu diesen Einzelfällen kommen konnte. Ein Grund dafür war, dass die Obrigkeit im Vest auf die „Manifestierung von

---

[121] Ebenda S. 143
[122] Fuchs, Hexenverfolgung; S.39 f.
[123] Vgl.: Ebenda; S.40 ff.
[124] Gersmann, „Toverie halber… "; S. 20
[125] Fuchs, Hexenverfolgung; S. 58

Autoritä:"[126]gegenüber seinen Bewohnern beharrte. Doch was waren in diesen Fällen weitere Gründe und Ursachen, die dazu geführt haben könnten? Ziel ist es im dritten Teil dieser Arbeit, anhand von zwei Fallbeispielen dieser Fragestellung nachzukommen. Wichtig hierbei ist, von dem anonymen Begriff der Hexenverfolgung einen Übergang zu finden, der die persönliche Ebene in den Vordergrund rückt. Bisher wurden nur allgemeingültige Gründe und Ursachen für Hexenprozesse, mit besonderem Augenmerk auf die Verfolgungswellen, im Vest Recklinghausen festgelegt. Mit Hilfe von Fallbeispielen ist es möglich, das Phänomen „Hexenverfolgung" genauer zu betrachten, um letztendlich vielleicht nachvollziehen zu können, was die inoffiziellen Gründe hinter den offiziellen Verfolgungen gewesen sein könnten.

5. Zusammenfassung

Das Vest Recklinghausen wurde in der frühen Neuzeit, durch seine Grenzlage, immer wieder vom Kriegsgeschehen beeinflusst. Diese Kriegszeiten, die vor allem die Bürger der Stadt schädigten, führten dazu, dass man einen Schuldigen für sein Unglück suchte.

Angefangen hatte alles im Jahre 1514 mit dem Verbrennen von 11 Wetterhexen.
Dabei blieb es jedoch nicht. In den 1580er und 1590er Jahren kam es zur ersten großen Verfolgungswelle im Vest. Die Bewohner der Stadt durchlebten eine große Leidenszeit, da sie während der Truchsessischen Wirren und auch danach immer wieder dem Kriegsgeschehen ausgeliefert waren. Aber nicht nur diese Kriege trugen dazu bei, dass die Bewohner einen Schuldigen für ihr Unglück suchten. Missernten, daraus resultierende Teuerungen und Krankheiten wie z.B. die Pest schwächten die Bevölkerung der Stadt. Wenn die Menschen nicht durch den Krieg dahin gerafft wurden, dann durch schlechte Ernährung oder andere Krankheiten. Gerade diese Leidenszeiten veranlassten die Bürger, ihre Wut an jemandem auszulassen, dem man die Schuld für sein Unglück geben konnte. Die Suche nach einem Sündenbock begann und sollte auch so schnell nicht enden.
Das schwächste Mitglied einer Gemeinde, welches am auffälligsten war, passte gerade in dieses Muster. Immer wieder hörte man von neuen Festnahmen, neuen Verhören und neuen Hinrichtungen. Oft wurden gleich ganze Familien hingerichtet.
Die Bewohner beschuldigten sich gegenseitig. Justiz und Klerus unterstützten dieses Vorgehen, indem sie die Bürger regelmäßig dazu aufforderten, die Hexen aus ihrer Mitte aufzuspüren. Dennoch kann man den Recklinghauser Kriminalrichtern keinen Missbrauch

---

[126] Vgl.: Ebenda, S.58

nachweisen, was auch schon daraus hervorgeht, dass die Hexen von der Kanzel herab aufgefordert wurden, binnen einer bestimmten Frist das Vest zu verlassen, und dass es ihnen frei stand, sich vom Verdacht zu reinigen.[127](Gemeint ist wahrscheinlich die Wasserprobe.) Die Bürger führten somit regelmäßig inoffizielle und offiziell bezahlte Wasserproben durch und alles nur, um sich des Verdachts zu entledigen, eine Hexe oder ein Zauberer zu sein. Jedoch brachte diese Probe nicht immer den gewünschten Erfolg. Im Gegenteil, sie brachte noch mehr Opfer. Dieser Teufelskreis schien kein Ende zu nehmen.

Erst durch neue Denkansätze, neue Regeln und Lebensweisen konnte der Verfolgungswahn nach fast 200 Jahren ein Ende finden.

---

[127] Esch, Hexenprozesse; S.69

III. Teil

Ausgewählte Beispiele zu den Hexenverfolgungen im Vest Recklinghausen

a) Anmerkung zu den Beispielen

Die Prozessakte von Trine Plumpe, ist eine der wenigen Prozessakten, die vollständig erhalten geblieben ist. Sie wird im Stadtarchiv Recklinghausen aufbewahrt und ist frei zugänglich. Jedoch gibt es keine weiteren Rezeptionen zu diesem Fall. Die Frauen aus der Geschichtswerkstatt, die „Von Hexen und anderen Recklinghäuserinnen" verfasst hatten, sowie der Oberstpostsekretär Esch im „Beitrag zur Geschichte der Hexenprozesse aus der Stadt Recklinghausen", stellen lediglich die Akte, wie sie in den Original- Prozessakten nachzulesen ist, vor. Kommentiert wird diese aber nicht. Deshalb ist es hier schwierig, nur anhand der Prozessakten die Lebensgeschichte der Trine Plumpe zu rekonstruieren. Wichtig hierbei ist es, hinter die Kulissen zu schauen, nach Ursachen zu suchen, um sich dann daraus ein Urteil zu bilden.

Im Gegensatz zu der Prozessakte von Anna Spiekermann. Die originale Prozessakte von Anna Spiekermann ist leider unter Verschluss. Jedoch konnten einige wenige Historiker Anfang des 20. Jahrhunderts einen Blick hineinwerfen. Somit gibt es gute Sekundärliteratur, die es einem erlaubt sich ein Urteil über Annas Leben und ihren Fall zu bilden.

b) Anmerkung zum Trine-Plumpe-Prozess

Zuerst wird die Akte vorgestellt, um die Zusammenhänge und die Chronologie in dieser Prozessakte deutlich zu machen. Im zweiten Kapitel dieser Darstellung werden Erklärungen zu der Akte gegeben. Der Bezug auf die Akte soll erhalten bleiben, deshalb können Wiederholungen auftreten, die aber in diesem Fall nicht zu verhindern waren. Im dritten Kapitel werden die Ursachen und Hintergründe zu dem Fall analysiert. Ein Fazit schließt diesen Fall ab.

1. Der Hexenprozess gegen Trine Plumpe aus dem Jahr 1650

Der Prozess gegen Trine Schorfeld, genannt Plumpe (nach ihrer Großmutter) in Sachen Zauberei wurde am 29. Juli 1650 eröffnet.

Aufgrund der Anklage der eigenen Mutter, der Witwe Anna Schorfeld, geborene Plumpe, die in dieser Zeit ebenfalls wegen Zauberei angeklagt war, wurde Trine Plumpe ebenfalls nach Horneburg vorgeladen.

Im ersten Teil der Prozessakte wird Trine Plumpe gütlich verhört, um den Wahrheitsgehalt der Besagung zu prüfen. Die Mutter wirft ihrer Tochter vor, mit ihr am Hexensabbat teilgenommen zu haben. Sie habe Gott und seinen Heiligen vor etwas über vier Jahren verleugnet. Der Teufel hätte sie beide damals angesprochen und beide hätten sich auf dem Teufelspakt eingelassen. Das übliche Ritual wurde durchgeführt, in dem sie drei Schritt zurückgetreten sind und somit Gott und seinen Heiligen abgeschworen haben.

„Trine, daß ist einer, der will dich haben, Du mußt aber Gott und dessen lieben Heiligen verläugnen, da hätte sie dies getan und wäre drei Fuß zurückgetreten und hätte Gott verläugnet, sei dies geschehen zwischen der Tafel und Troge. Die Tochter Trine vorkommt, der dann dies vorgehalten und nach langem Erinnern bekannt, dass vor ungefähr 4 ½ Jahr auf Ansinnen ihrer Mutter Gott und alle Heiligen versagt, drei Fuß zurückgetreten, hätte nichts gesehen.“[128]

Die Mutter beschreibt diesen Vorgang, um ihn Trine in Erinnerung zu rufen und Trine sollte nun bekennen.

In der Gegenwart der Mutter bestätigte Trine diesen Pakt. Sie widerrief ihn aber in Abwesenheit der Mutter, da sie sich nicht daran erinnern konnte, jemals einen solchen Pakt geschlossen zu haben.

Da Trine trotz der Anklage der Mutter nicht weiter bekennen wollte, wurde sie für weitere Verhöre im Gefängnis festgehalten.

Der Bürgermeister und Rat der Stadt Recklinghausen als peinliche Richter, klagen Aufgrund dieser Aussage, Trine Plumpe in Sachen Zauberei an. Die peinliche Befragung, sprich Folter, sollte im nächsten Verhör zur Wahrheitsfindung angewandt werden. Der Fiscus als Ankläger (Bürgermeister und Rat der Stadt Recklinghausen), war dazu verpflichtet, allen stichhaltigen Besagungen nachzugehen, um die Stadt von der Hexenpest zu befreien.

Am 1. August 1650 musste der Prozess wegen einer vermuteten Schwangerschaft vorerst eingestellt werden. Der Rat wurde über diese Begebenheit informiert und ließ deshalb eine Hebamme aus Frentrop kommen, um die Schwangerschaft zu bestätigen. Da die Hebamme, Frau Kellersche, angab, dass die Schwangerschaft noch in einem zu frühen Stadium war und dies deshalb nicht nachweisbar wäre, musste die peinliche Befragung vorläufig eingestellt werden.

Am 9. September 1650 konnte der Prozess wieder aufgenommen werden.

---

[128]Vgl.: Stadtarchiv Recklinghausen, Akte Trine Plumpe, S. 141-150

Zunächst wurde Trine nach ihrer Schwangerschaft befragt. Sie gab an, das Kind verloren zu haben, da sie im Turm erkrankt war. Ohne Schwangerschaft konnte der Prozess fortgeführt werden.

Wiederum wurde sie, vorerst gütlich, nach dem ihr vorgeworfenem Zaubereidelikt befragt. Da sie weiterhin bei ihrer Aussage blieb, wurde ihr bis zum Nachmittag Zeit gegeben, genau darüber nachzudenken. Da sie aber auch nach dieser Bedenkzeit nicht gestehen wollte, wurde mit der peinlichen Befragung begonnen.

Sie wurde während der stundenlangen Folter immer wieder gefragt, ob sie zusammen mit ihrer Mutter Gott und seine Heiligen verleugnet hätte. Trine blieb bei ihrer Aussage vom 29. Juli und stritt alles andere ab. Sie wurde auch befragt, warum sie erst gestanden und in Abwesenheit der Mutter alles widerrufen hatte. Da antwortete sie, dass ihre Mutter ihr nahe gelegt hatte, im Falle einer Festnahme und Befragung alles zuzugeben, was man ihr vorwarf und dies reuig zu bekennen, da sie dann wieder frei kommen würde.

Nachdem die Inquisitoren mit Daumenschrauben und Rutenstrichen erfolglos blieben, wurden die Foltermaßnahmen verschärft, - allerdings ohne Erfolg.

Die peinliche Befragung wurde abgebrochen und sie zurück in den Turm gebracht.

Im weiteren Verlauf der Prozessakte wurden die Zeugenaussage der Vogtschen aus Hochlar, eine Nachbarin der Familie Schormann, genannt Plumpe, und die Gründe für ein weiteres Verhör aufgelistet. Es ist offensichtlich, dass sie die Familie Schormann gut gekannt haben muss, da sie einen kleinen Einblick in die Vorgeschichte der beiden Frauen gibt. Zudem wirbelt sie den Fall durch ihre Aussage auf. Die Aussage wurde ohne Datum aufgelistet. Es kann aber davon ausgegangen werden, dass die peinlichen Verhöre sowie die Zeugenaussagen sich in dem Zeitraum zwischen dem 9. September 1650 und dem 4. Oktober 1650 abgespielt haben.

Die Vogtsche klagte Trine Plumpe vor Gericht an, von besagter Person vergiftet worden zu sein. Sie schilderte dem Richter den Fall und nannte auch Einzelheiten zum Zaubereidelikt.

An einem Nachmittag im Sommer des gleichen Jahres hätte Trine Plumpe ihr eine Handvoll Kirschen angeboten, von denen sie auch selber gegessen hatte. Sie wollte auch ihrer Mutter welche zukommen lassen, die in der Zeit bereits im Gefängnis zu Horneburg wegen Zaubereiverdacht saß. Warum ihr Trine diese Kirschen brachte, konnte sie nicht beantworten.

Die Vogtsche wurde daraufhin befragt, ob sie diese gegessen hätte und gleich darauf krank geworden wäre. Sie bestätigte diese Aussage. Sie bekam von dem Verzehr dieser Kirschen starke Herzschmerzen und war daraufhin 14 Tage lang krank. Sie konnte sich die Schmerzen nicht erklären, da es ihrer Meinung nach, keine gewöhnliche Krankheit war. Sie hätte in ihrer Verzweiflung die Trine darauf angesprochen und sie gefragt, ob Trine sie verzaubert hätte, da sie von Anna Schorfeld erfahren hatte, dass Trine von ihr die Zauberei erlernt hätte. Diesen Vorwurf bestritt Trine aufs heftigste und meinte, ihre Mutter hätte dies zu Unrecht behauptet.

Auf die Aussage, warum sie fest behauptete, dass sie ausschließlich durch den Verzehr der verhexten Kirschen erkrankt war, gingen die Richter nicht weiter ein und fragten sie deshalb, wie sie wieder gesund werden konnte und welches Mittel sie dazu gebraucht hätte. Sie antwortete, dass ihr Mann in die Apotheke nach Wesel gefahren wäre ihr ein Mittel gegen Gift geholt habe. Nachdem sie dieses eingenommen hatte, wäre es besser geworden.

Damit endete die Zeugenaussage der Vogtschen gegen Trine Plumpe.

Vermutlich wurde Trine auch wegen dieser Aussage erneut unter peinlichem Verhör befragt. Dazu steht aber nichts weiter in den Akten. Es wurde nicht protokolliert. Stattdessen findet man hier eine Art Plädoyer, wieder ohne Datumsangabe, das den Fall kurz in Stichpunkten beschreibt und angibt, was gegen die Unschuld von Trine Plumpe spricht.

Hier wird zusammengefasst dargestellt, worauf sich die Richter stützten, um weitere Verhöre und Folter rechtfertigen zu können.

Ganz oben auf der Liste wird mehrfach auf dem Verwandtschaftszweig eingegangen. Da Mutter, Großmutter und Enkelmutter schon als Hexen verbrannt wurden, liegt es nahe, dass auch Trine eine Hexe sein muss. Denn schon der Hexenhammer beschreibt dies als eine Tatsache, die unter Beobachtung gehört.

Da sie von ihrer Mutter, die eine Hexe war, aufgezogen wurde, musste sie zwangsweise in die Zauberkünste mit eingewiesen worden sein. Deshalb nützt Leugnen hier nicht viel. Außerdem denunzierte sie ihre eigene Mutter, deren Aussage das stärkste Gewicht hatte, da sie laut Aussage der Mutter auch von ihr die Hexenkünste erlernt hätte, vor allem Schadenszauberei. Dies bestätigten schon die Vermutungen der Richter, dass Anna Schorfeld ihre Tochter in die Hexenkunst eingewiesen hatte. Außerdem hatte die Mutter vor ihrem Tod auf dem Weg zum Richtplatz dem Pater gebeichtet, dass er Trine ausrichten lassen sollte, dass sie nicht weiter auf ihre Unschuld beharren sollte, da sie eine Hexe war und dies nicht verleugnen konnte. Deshalb ist die Aussage Trines unglaubwürdig, dass ihre Mutter sie zu dem Geständnis nur überredet hätte, damit sie frei käme.

Obwohl keine weiteren Aussagen und Beweise vorliegen, muss aufgrund der Aussage der Mutter die peinliche Befragung noch schärfer durchgeführt werden. Die unter Eid vernommene Aussage der Vogtschen wurde mit ins Protokoll genommen. Auch an ihr ist nicht zu zweifeln, da sie dies wahrheitsgemäß wiedergegeben hatte. Somit liegen mehrere Indizien gegen Trine Plumpe vor, die als Geständnis von ihr herauszubekommen waren.

Weitere peinliche Befragungen wurden angeordnet; allerdings wurden sie nicht weiter ins Protokoll aufgenommen.

Am 4. Oktober 1650 wurde die Kriminalakte contra Trine Plumpe geschlossen. Der Stadtsekretär Freitag schrieb ins Protokoll:

„sofern die Kosten dem Rath und dem Bürgermeister als peinliche Richtern erstattet würden, dürfe Trine Plumpe auf Begehren des Fiscus ausgestellt werden."[129]
Dies geschah wahrscheinlich am Pranger.

2.   Die Untersuchung der Prozessakte

Nachdem die großen Verfolgungswellen in den 80er Jahren des 16. Jahrhunderts im Vest nachgelassen hatten, kam es nur noch vereinzelt zu Hexenprozessfällen. Der oben beschriebene Fall ist einzigartig, weil die Angeklagte zum einen die Folter überlebt hatte, ohne ein Geständnis abzulegen und zum anderen, weil sie von ihrer eigenen Mutter angeklagt wurde.

Der Vorgang dieses Kriminalprozesses hält sich, soweit man auf den ersten Blick sehen kann, an die Vorgaben der Hexenprozessordnung. Jeder Hexenprozess folgte einem geregelten Schema. Dazu gehörte auch, dass die Verdächtigen nicht wahllos befragt und gefoltert wurden, sondern dass die Regeln eines ordentlichen Prozess eingehalten wurden.

Die Witwe Anna Schorfeld „besagte" unter dem Druck der Richter Trine Plumpe. Beim Geständnis sollte größter Nachdruck auf die Benennung der „Gespielinnen" gelegt werden, damit die vermeintliche Verschwörung der Hexen endlich ganz aufgedeckt werden konnte. Deshalb ist davon auszugehen, dass die Nötigung, den Namen der eigenen Tochter zu nennen, wahrscheinlich unter Tortur erfolgte, da sie ebenfalls wegen Zaubereiverdacht im Turm saß. Deswegen, empfiehlt es sich hier, von dem zeitgenössischen Ausdruck „besagen" und nicht von „denunzieren" zu sprechen, da denunzieren im heutigen Sprachgebrauch mehr eine freiwillige Aussage bezeichnet, wie im Fall der Nachbarin. Über den belastenden Charakter einer „Besagung" waren sich die Gelehrten nicht ganz einig, doch sah die Mehrheit ein schwerwiegendes Indiz dann als gegeben an, wenn mehr als eine „Besagung" vorlag.

Im Fall Trine Plumpe besagte die eigene Mutter die Tochter, hinzu kommt noch, dass die Großmutter sowie Enkelmutter ebenfalls als Hexen verurteilt und verbrannt wurden. Also war es in den Augen der Inquisitoren nahe liegend, dass die Besagung der Mutter zutrifft. Doch

---

[129] Stadtarchiv Recklinghausen, Akte Trine Plumpe S.141-150;

welche Gründe könnten neben der Folter noch vorhanden gewesen sein, dass die eigene Mutter ihr Kind anklagte? Die Denunziation der nächsten Angehörigen, namentlich der Eltern, Großeltern oder Kinder, deutet auf Zerrüttungen des familialen Klimas hin.[130]

Die Mutter gibt an, mit ihr vor vier Jahren einen Teufelspakt geschlossen zu haben:

(…)*Trine, daß ist einer, der will dich haben, Du mußt aber Gott und dessen lieben Heiligen verläugnen, da hätte sie dies getan und wäre drei Fuß zurückgetreten und hätte Gott verläugnet,.*[131]

Diese Aussage wird an dieser Stelle analysiert, damit man einen Blick dafür bekommt, was wahrscheinlich gemeint sein könnte:

Man kann davon ausgehen, dass die Bedeutung „drei Schritt zurücktreten", einen religiösen Ursprung hat. Die Zahl Drei wird in Verbindung mit der Dreifaltigkeit gebracht. Es wäre zu vermuten, dass, wenn jemand bewusst drei Schritte zurück tritt, somit Gott entsagt, weil man sich gegen die Dreifaltigkeit entscheidet. Dies oben beschriebene Ritual wurde in anderen Quellen oft als Hochzeitsritual mit dem Teufel beschrieben.[132] Demnach hatte die Hexe Gott entsagt und alle Kräfte, die ihr der Teufel versprochen hatte, entgegengenommen. Und das nur, indem sie diese drei Schritte zurücktrat und sich gegen Gott und seine Heiligen entschied. Die Besagte würde also vom Rat und dem Bürgermeister vorgeladen, um dem Verdacht nachzugehen. Der Zaubereivorwurf wurde ihr unter Anwesenheit der Klägerin dargestellt. Die Angeklagte sollte nun Stellung dazu beziehen. Da sie sofort bekannte, kann der Prozess aufgenommen werden. Die Richter waren dazu verpflichtet, jedem vermeintlich stichhaltigen Beweis nachzugehen. Bevor ein Mensch verurteilt wurde, musste ein Beweis vorgelegt werden, der die Anschuldigung glaubenswürdig erscheinen ließ. Dieser konnte durch einen Zeugen, der glaubwürdig war oder durch andere stichhaltige Beweise erbracht werden. Ausschlaggebend war nicht selten die Stimmung in der Bevölkerung. Die Obrigkeiten waren in hohem Maße von der Stimmung der Bevölkerung abhängig. Besonders in Krisenzeiten, wie zum Ende des Dreißigjährigen Krieges, fühlten sich die Menschen unter Druck gesetzt. Da Anna Schorfeld gegen Trine Plumpe ausgesagt hatte, war ein wichtiger Nachweis erbracht. Nun fehlte nur noch das Geständnis, - wobei das Geständnis das gewichtigere Beweismittel war:

Denn (es ist) kein krefftiger beweiß/ alß eigens mundes ausag(...)[133]

Der Widerruf in Abwesenheit der Mutter wird nicht weiter beachtet, da bereits ein Geständnis vorlag. Die vorhandenen Indizien waren ausreichend, um in der Verhafteten eine überführte

---

[130] Vgl.: Münch, Lebensformen; S. 167-201; hier: 228
[131] Stadtarchiv Recklinghausen, Akte Trine Plumpe; S.141-150
[132] Vgl.: Schormann, Hexenprozesse, S. 19
[133] Oestmann, Reichskammergericht; S.190

Hexe zu sehen, zu deren Verurteilung nach dem Strafgesetzbuch nur noch das Geständnis fehlte. Die ihr zu Last gelegte Teufelsbuhlschaft wurde als stichhaltiges Indiz angesehen. Die peinliche Befragung wurde angeordnet.

Die Folgen des Nichtbekennens waren das peinliche Verhör. Diese Foltermethode hatte den Ruf, dass nicht selten eine Führung durch den Folterkeller ausreichte, um sie zum Geständnis zu bringen. Sobald einer in Zaubereiverdacht stand, musste die peinliche Beefragung beginnen. So schrieb es die Carolina, Artikel 44, vor:

Von Zauberey gnugsam anzeygung (das Erkennen einer Zauberschen)
Item so ymand sich erpeut, anndere zu bezaubern betröwet unnd dem betrouten der gleichen beschicht, auch sonnderliche gemeinschafft mit zaubern oder zauberin hat oder mit sollchen verdachtlichen dingen, geberden, Worten und weisen umbgeet, die zauberey uff sich fragen, und dieselbig persone desselben sunst auch bercuhtigt: Das gipt ein redliche anzeigung der zauberey und genungsam ursach zu peinlicher frage[134]

Das widerrufene Geständnis verärgerte die Justiz zunehmend, wie anhand des Protokolls ersichtlich ist:

Weil nun diese Trine nicht weiter bekennen wollte, obschon die Mutter dabei blieb (...)[135]

Trine wurde ins Gefängnis gesperrt und die Folter wurde vorbereitet, so wie es der Artikel 44 in der Carolina vorgibt.

Der Prozess musste allerdings vertagt werden, da sie am 1.August 1650 vorgab schwanger zu sein. Es war verboten, eine Schwangere der peinlichen Befragung zu unterziehen. Nachdem sich aber herausgestellt hatte, dass sie nicht mehr schwanger war, konnte der Prozess am 9. September des gleichen Jahres fortgeführt werden. Er wird, wie oben beschrieben, erst gütlich begonnen. Die Angeklagte bekommt weitere Bedenkzeit, bevor mit der Tortur am Nachmittag begonnen wurde. Auch dies war ein übliches Verfahren. Nachdem sie aber nicht gestehen wollte, wurde sie gefoltert und dabei immer wieder befragt. Die Folter bestand aus fünf Graden, die sich von der leichteren bis zur schwersten Folter steigerten. Da Trine Plumpe nicht gestehen wollte, ist anzunehmen, dass an ihr alle Grade der Folter durchgeführt wurden. Wie im Protokoll vermerkt, ohne Erfolg.

Sie durften die Angeklagte nur soweit foltern, wie es der menschliche Körper zuließ, da sie unter allen Umständen verhindern mussten, dass die Gefolterte unter der Tortur starb. In einem Hexenprozess ging es vor allem darum, ein Geständnis zu bekommen und nicht um die Aufklärung eines Verbrechens.

---

[134] Zitat nach Hansen; S. 342
[135] Stadtarchiv Recklinghausen, Akte Trine Plumpe S.141-150

Die Aussage der Vogtschen aus Hochlar musste hier besondere Aufmerksamkeit bekommen, da sie den Prozess zudem verlängert.

Die Vogtsche klagt Trine Plumpe an, sie mit Kirschen vorsätzlich vergiftet zu haben. Da Trine zu der Zeit (obwohl man nicht genau sagen kann, an welchem Datum diese Anklage stattgefunden hatte) bereits im Gefängnis saß, schenkten die Richter ihr besonders viel Aufmerksamkeit. Wahrscheinlich hörten sie sich diesen Fall, der unter Eid gesprochen wurde an und als sie festgestellt hatten, dass dies ein brauchbarer Hinweis bzw. brauchbares Indiz war, nahmen sie das Protokoll auf.

Dieses wurde, ähnlich wie heute, in einem Frage – Antwort - Schema aufgelistet. Die Richter fragten die Nachbarin und diese schilderte ihnen den Fall noch einmal. Das Ganze lief so ab, dass sie der Vogtschen bewusst solche Fragen stellten, die gleichzeitig den Fall schilderten- demnach muss davon ausgegangen werden, das sie über den Fall informiert waren.

Anna Schorfeld saß in der Zeit schon im Turm, da sie, wie schon beschrieben, ebenfalls wegen Hexerei angeklagt war. Hier wird beschrieben, dass Trine ihr dieselben Kirschen in den Turm bringen wollte, die sie auch der Vogtschen angeboten hatte. Sie selber hatte auch davon gegessen. Aus diesem Grund vermutet die Vogtsche, hätte dies mit Hexerei zu tun, da sie gleich nach dem Verzehr der Handvoll Kirschen erkrankt war. Die Richter wollten dennoch versuchen, diese Möglichkeit auszuschließen, indem sie die Klägerin befragten, ob sie sich sicher wäre, dass es eine unnormale Krankheit war, bzw. dass sie sogar vergiftet wurde. Diese bestritt es vehement und gab sogar an, selber auf Trine zugegangen zu sein, um sie zu befragen, da ihre Mutter bereits in der Vergangenheit angeblich erwähnt hatte, eine Hexe zu sein und es auch ihrer Tochter beigebracht haben sollte. Sie schilderte ihr ihren Verdacht, aber Trine stritt diese Aussage ab und ließ sie vermutlich stehen.

Die Vogtsche holte sich Zeugen herbei, die ihr empfahlen, ein Mittel gegen Gift aus der Apotheke zu holen. Dies tat sie dann auch und gleich darauf ging es ihr besser.

Es ist offensichtlich, dass die Denunziation der Vogtsche gegenüber Trine auf Antipathie beruhte. Persönliche Gründe spielten hier eine wichtige Rolle.

Man kann hier aber nur Vermutungen anstellen, woher diese Antipathie kommen könnte.

Ihr entschlossenes auftreten lässt keinen Zweifel zu, dass es nur eine natürliche Krankheit gewesen sein könnte. Sie pocht darauf, dass Trine Schuld an ihrem Unglück wäre und dieses Mädchen sie ohne Zweifel verhext hätte. Vermutlich suchte die Vogtsche nur einen Grund, um noch ein Indiz gegen Sie vorzubringen. Angst könnte hier ein entscheidender Faktor gewesen sein, da ihre Mutter mal ihr gegenüber erwähnt hatte, dass sie beide Hexen wären.

Dies wäre gar nicht so abwegig, da in dieser Zeit Angst und Schrecken den Alltag beherrschten. Nicht nur der Dreißigjährige Krieg forderte seine Opfer, sondern auch der Alltag in der Nachbarschaft, wo jeder jedem misstraute. Wie schon beschrieben, war neben der offiziellen Verfolgung auch eine inoffizielle nachbarliche Verfolgung gang und gäbe. Wahrscheinlich hielt es die Vogtsche für ihre Pflicht, die Trine mit noch weiteren Anklagepunkten zu belasten. Gerade in der Kirche wurde immer wieder gepredigt, die Hexen aufzuspüren und zu melden. Es wird sich sicherlich schnell herumgesprochen haben, dass die eigene Mutter Trine besagt hatte. Deswegen ist es gar nicht abwegig, dass sich schnell auch andere Zeugen fanden, sobald jemand angeklagt war. Alleine die Tatsache, dass eine Person wegen Hexerei vorgeladen wurde und noch dazu im Gefängnis saß, schürte die Gerüchteküche.

Die Aussage der Vogtschen, obwohl sie unter Eid geleistet wurde, konnte Trine Plumpe zu keinem Geständnis führen.

Die peinliche Befragung muss in dem Zeitraum zwischen dem 9. September und dem 4. Oktober 1650 stattgefunden haben. Da in der Akte nichts weiter vermerkt wurde und keine weiteren Protokolle zur peinlichen Befragung festgehalten wurden, muss man davon ausgehen, dass immer wieder dieselben Schemata angewandt wurden. Dadurch, dass die Richter nur die Aussagen der Mutter und die der Nachbarin hatten, mussten sie aus Trine ein Geständnis erpressen. Doch das war gar nicht so einfach. Trine Plumpe wurde vermutlich täglich stundenlang gefoltert. Da sie aber bei ihrem Bekenntnis blieb und die Richter keinerlei neue Anklagepunkte aufbringen konnten, verfassten sie wohlmöglich diese facettenreiche und ausführliche Liste mit Gründen für ihre weitere Folter. Wahrscheinlich legitimierte diese Liste sie für das Foltern. „Besonders schwer schien das Argument einer bedenklichen familiären Zaubereitradition zu wiegen."[136]Da ihre Mutter, ihre Großmutter und Enkelmutter bereits der Hexerei bezichtigt wurden, war zu vermuten, dass auch sie der *parentela et familie sagarum*[137]angehörte.

Da die peinliche Befragung hinter verschlossenen Türen, also ohne der Öffentlichkeit stattfand, und hier auch keine weiteren Angaben zu Einzelheiten der Folter gegeben wurden, ist davon auszugehen, dass Trine aufs Fürchterlichste gefoltert wurde. Sie klammerten sich wahrscheinlich noch an die Vorstellung, dass der Teufel so eine große Macht über Trine hatte, dass sie deswegen so lange ohne Geständnis diese schlimmen Qualen durchstehen konnte. Ihr Ziel war ja auch neben dem Geständnis, das einen Sieg über den Teufel bedeutete, ihre Seele

---

[136] Gersmann, „Toverie halber"; S.27
[137] Ebenda; S.27

zu retten. Denn blieb die „Hexe" trotz schrecklicher Folterqualen standhaft, so hatte der Teufel gesiegt und es hatte tatsächlich ein starker Pakt mit dem Teufel bestanden.[138]

Trotz allem kamen die Richter in diesem Prozess nicht weiter. Sie konnten keinerlei weitere Beweismittel aufbringen, da die erste Klägerin, also die Mutter, bereits tot war, die Zweitklägerin wahrscheinlich nichts weiter an stichhaltigen Indizien vorbringen konnte und Trine Plumpe wahrscheinlich keine weiteren Angaben zu dem Verdachtsmoment machte.

Somit blieb ihnen nichts anderes übrig, als Trine freizusprechen. Das Urteil der Trine Plumpe lautete wie folgt:

„Unterm 4.Oktober 1650 schreibt der Stadtsekretär Freitag:

In Criminalsachen contra Trine Plumpe geben Bürgermeister Rath

also peinliche Richter den Bescheid, würden ihnen die Unkosten gezahlt, dass alsdann auf beschehenes Begern des Fiscus die Plumpe ausgestellt werden solle. (Wahrscheinlich am Pranger)."[139]

Ausstellen am Pranger[140]

Wie auf der Abbildung gezeigt, könnte sich das Schicksal von Trine Plumpe ereignet haben.

3. Begründete Vermutungen. Das Urteil gegen Trine Plumpe

Im zweiten Teil dieser Staatsarbeit in Kapitel 3.1. über die Strafgerichtsbarkeit in Recklinghausen, werden der Pranger und seine Funktion schon ausführlich beschrieben, dennoch muss ihm hier besondere Aufmerksamkeit gewidmet werden. Er stand wie erwähnt allen öffentlich zur Schau und jeder Bürger konnte den Denunzianten daran auf seine Art und Weise verurteilen. Da die Richter ohne Geständnis kein Urteil gegen Trine verhängen durften,

---

[138] Haneklaus, Hexenänneken; S.173
[139] Stadtarchiv Recklinghausen, Akte Trine Plumpe S.141-150
[140] Am Pranger, Illustration aus dem Newgate Calendar,
Aus: Internetquelle: heise.de

wurde sie öffentlich ausgestellt, sofern die Prozesskosten beglichen wurden. Weiteres wurde über diesen Fall nicht schriftlich niedergelegt. Hinrichten konnte man sie nicht, da sie nichts weiter gegen sie in der Hand hatten und wo kein Geständnis, da kein Todesurteil. Aber wie man sich vorstellen kann, kam das Urteil „Ausstellung" einem Todesurteil gleich, da die Bürger der Stadt somit die Freiheit hatten, ihr etwas anzutun. Es wird sie mit Sicherheit, unter den Umständen dieser Zeit, keiner bemitleidet haben, da alle vor Zauberschen Angst hatten. Es liegt daher nahe, dass man sie mit faulem Obst und Gemüse beworfen hat, sie schlug oder sie anderweitig vielleicht sogar zum Tode gebracht hat. Dies sind allerdings nur Vermutungen.

Was aus ihr danach geworden ist, bleibt offen.

Wer die Prozesskosten zahlte, und ob sie jemand zahlen konnte, bleibt ebenfalls unklar. Demnach weiß man nicht mit Bestimmtheit, ob sie überhaupt ausgestellt wurde. Möglicherweise blieb sie auch weiterhin im Gefängnis. Selbst die Rentmeisterkellerrechnungen geben dies nicht preis. Fakt ist jedoch, dass sie die erste Frau im Vest war, die die Tortur ohne Geständnis überlebte und danach, laut Urteilssprechung, aus dem Gefängnis entlassen wurde, da man ihr nichts weiter nachweisen konnte.

Jedoch kann man über das Schicksal der Mutter dank Kellnereirechnungen der Horneburg für das Jahr 1650 mehr erfahren.

In der Rubrik *Außgaben ahn Geldt, ahn Maltzeiten vnd vertzherten Kosten*[141] finden sich Einträge über Anna Schorfeld. Für den Monat Juni wird ihre Gefangennahme und Unterbringung im Gefängnis zu Horneburg gemeldet. Sie wurde am 7. Juli in Anwesenheit der Richter und zweier Ratsherren, des Advocatus Fisci, eines Pastors, des Gerichtsfronen und einiger Horneburgischer Beamter[142] gütlich verhört. Derselben Quelle nach wurde sie am 15., 19. und am 29. Juli peinlich verhört.[143]Kurz danach muss dann das Todesurteil gegen sie ergangen sein. Denn unter dem jährlichen Posten „Scharfrichter – Kosten" notierte der Kellner, dass Anna Schorfeld bereits am 4. August *justificirt und verbrant* worden sei.[144] Sie war jedoch nicht die letzte Frau, die im Vest Recklinghausen als Hexe verbrannt wurde.

---

[141] Gersmann, „Toverie halber…"; S.28
[142] Vgl.: Gersmann, „Toverie halber…"S.28, Stadtarchiv Recklinghausen, HAA, II G 24, B1. 81
[143] Vgl.: Gudrun Gersmann, „Toverie halber…"S.28; Stadtarchiv Recklinghausen, HAA, II G 24., B1.82
[144] Vgl.:Gersmann, „Toverie halber…" S. 28

3.1. Die Länge der Hexenprozesse aus dem Jahre 1650 im Vergleich

An dieser Stelle werden, um weitere Ursachen für diesen Prozess herauszufiltern, einige Hexenprozesse aus dem Jahr 1650 bezüglich ihrer Länge dem von Trine Plumpe gegenüber gestellt.

Der gesamte Prozess gegen Trine Plumpe dauerte kaum drei Monate. Wobei hier zu beachten ist, dass die eigentliche Befragung erst nach der Fehlgeburt am 9. September begann. Knapp einen Monat lang wurde Trine Plumpe täglich aufs Neue gefoltert und befragt. Doch das Ergebnis blieb unbefriedigend. Die Angeklagte brachte kein Geständnis hervor. Ihr Fall wurde ad acta gelegt.

Auch am Beispiel der Mutter wird deutlich, dass dieser Prozess relativ schnell abgehandelt worden ist. Anna Schorfeld wurde am 7. Juli gütlich verhört und schon am 4. August verbrannt. Beide Prozesse dauerten ungefähr einen Monat. War dies eine normale Abfolge oder gab es 1650 in anderen Prozessen Unterschiede? Was könnte der Grund für die kurze Prozessdauer gewesen sein?

Um diese Frage beantworten zu können, werden weitere Prozesse aus Deutschland aus dem Jahr 1650 dem von Trine Plumpe gegenübergestellt.

1650 wurde in Mecklenburg eine Frau namens Catrina Zeleke durch die Bewohner der Stadt angezeigt. Der Hexenprozess zog sich 6 Jahre lang hin. Ähnlich wie bei Trine Plumpe brauchten die Richter ein Geständnis. Dieses bekamen sie aber nicht wie erwünscht. Auch bei ihr wurde die Folter zur Erpressung eines Geständnisses angewandt. Catrina Zeleke war schnell geständig. Dennoch wurde sie weitere Male verhört, bis sie nach 6 Jahren Haft und dauerndem Verhör während der Folter starb.

Ein weiteres Beispiel für Hexenprozesse in Deutschland gibt das damalige Dorf Friesenhagen. Zwischen dem 15. November 1650 und dem 17. Dezember 1650 wurden aus dem Dorf und der näheren Umgebung 30 Männer und Frauen verbrannt. Man kann davon ausgehen, dass sie keinen langen Prozess hatten.

3.1.1 Die Ursachenerklärung zu den Beispielen aus Friesenhagen und Mecklenburg

Zu den Massenprozessen aus Friesenhagen kam es, da der Amtmann zu Wildenburg, Professor Dr. Hermann Heistermann, dafür gesorgt hatte, dem kleinsten Verdacht unnachgiebig nachzugehen und schnell zu einem Todesurteil zu kommen. In einem Schnellprozess ließ Hermann Heistermann innerhalb von nur wenigen Wochen 30 Männer und Frauen hinrichten. Die Zahl der Getöteten war erschreckend, weil diese immerhin 13 % der Bevölkerung des Dorfes ausmachten.[145] Weiteres ließ sich zu diesem Fall nicht herausfiltern, jedoch ist er dahingehend wichtig, dass man im Vergleich sehen kann, dass in Friesenhagen allein Hermann Heistermann die Befugnis hatte, die Prozesse in die Wege zu leiten. In der Zeit des Absolutismus und des Feudalismus war dies allerdings keine Seltenheit, da das Denken in der Zeit anders ausgerichtet war als heute. Die alleinige Macht einer Person, die die Befugnis hatte zu befehlen, stand im Vordergrund.

In Mecklenburg kam es nach dem 30-jährigen Krieg zu einem starken Anstieg von Hexenprozessen. In einer Zeitspanne von 50 Jahren wurden mehr als 2.000 Menschen auf dem Scheiterhaufen verbrannt. Der größte Kettenprozess war in den Jahren 1649/51, bei dem in der dörflich geprägten Landschaft weit über 80 Menschen angeklagt wurden. Diese Prozesswellen bildeten jedoch nur den Auftakt für einen erneuten Höhepunkt der Hexenverfolgung in den sechziger und siebziger Jahren des 17. Jahrhunderts. Entscheidend hierfür dürfte die unterstützende Haltung Herzog Gustav Adolfs, von Mecklenburg-Güstrow gewesen sein. Der zutiefst lutherisch-orthodox überzeugte Herzog inszenierte ab 1659 ein straffes konfessionelles und diszipliniertes Programm zur Ausrottung von Hexerei und Aberglauben. Mit der Einrichtung eines Sondergerichts bemühte er sich, die Prozesse am herzoglichen Hofgericht zu bündeln, was letztlich jedoch am Widerstand der Stände scheiterte. Gerade die direkte Beauftragung von Theologen und Juristen mit der seelsorgerischen Begleitung und praktischen Durchführung von Prozessen führte schließlich auch zu einer differenzierten Haltung zum *crimen magiae*. In den frühen achtziger Jahren wurde daher das kumulative Konzept der Hexerei wieder verworfen. Die noch laufenden Verfahren wurden storniert und die Gefangenen nach teilweise langjährigen Haftstrafen entlassen.

---

[145] Knepper, Friesenhagen; S. 11

3.1.2. Ergebnis

Anhand dieser Beispiele aus dem Jahr 1650 ist zu erkennen, dass die Dauer der Hexenprozesse von vielen Faktoren abhängig war.

Meist war es sicher eine subjektive Entscheidung, ob und wie lange ein Hexenprozess geführt wurde. Im Vordergrund stand aber immer ein konkretes machtpolitisches Kalkül. Die Autorität der Obrigkeit musste bestehen bleiben, deshalb wurde mit aller Macht versucht diesen Standpunkt beizubehalten. Die Unterdrückung der Eingesessenen war ein Mittel, um die eigene Autorität und die Macht zu beweisen.

Fazit: Die Dauer und die Gründe für Hexenprozesse können nicht verallgemeinert werden. Der Fall Trine Plumpe war demnach allein abhängig von der subjektiven Meinung der Richter.

3.2   Die Untersuchung der äußeren Ursachen und Hintergründe

In diesem Teil wird der Frage nachgegangen, ob auch äußere Ursachen dazu beigetragen haben könnten, dass dieser Prozess geführt wurde.

Wie bereits im 2. Teil dieser Arbeit dargelegt wurde, war Recklinghausen über Jahre in Kriege verwickelt. Hier wird genauestens analysiert, welche äußeren Einflüsse diesen Hexenprozess beeinflusst haben könnten.

Im Zuge des Dreißigjährigen Krieges wurde die Stadt immer wieder von fremden Kompanien belagert. Das Vest litt sehr unter dem unentwegten Kriegsgeschehen während dieser Zeit. Angst und Hunger beherrschten die Gedanken der Bewohner. Zudem waren die ständigen Truppendurchmärsche sehr lästig, da sie Hab und Gut verzehrten und die persönliche Sicherheit gefährdeten. Gerade am Hab und Gut waren unermessliche Verluste entstanden. Die Bauern waren am meisten davon betroffen. Ihnen wurde im Laufe des Krieges fast alles genommen, was sie zum Arbeiten brauchten. Alle Werkzeuge, ihre Pferde, Wagen und Pflüge. Außerdem wurden ihre Söhne eingezogen. Drückend lasteten die Schulden auf dem Gemeinwesen und auf jeden einzelnen Bürger. Die Städte waren nach dem Friedensschluss von 1648 verarmt, Dörfer und Felder verwüstet. Die Bürger standen vor einem riesigen Trümmerhaufen, nicht zuletzt, weil sie meist auch ihre Männer, Söhne und Freunde verloren hatten. Die Frauen und Mädchen waren der Rohheit der wilden Soldatenhorden schutzlos ausgeliefert. Tatenlos sah der Kurfürst, der zugleich auch oberster Seelenhirte sein sollte, der furchtbaren Not seiner vestischen Untertanen zu.[146]Belegt ist, dass die Stadt Recklinghausen von 1641 bis September 1650 fünf schwedische Reiterkompanien verpflegen musste. Auch die Franzosen zogen in dieser Zeit durch die Stadt. Ihr Durchmarsch kostete 1676 Reichstaler; Schloss und Freiheit Horneburg wurden durch sie zerstört.[147]

Die Kriegswirren kosteten die Stadt sehr viel Geld und Kraft. Die Schulden häuften sich. Im September 1650 verließen endlich auch die drei Kompanien des Regiments von Planitz das Vest Recklinghausen, das damit endgültig von dem schweren Druck jener Kriegslasten erlöst wurde.[148]

Warum gerade in dieser Zeit, der Zeit des Aufbaus, zwei Hexenprozesse durchgeführt wurden, ist nicht einfach zu beantworten. Es muss nach Hintergründen gesucht werden. Über den Fall von Anna Schormann ist nicht viel bekannt, dennoch kann man versuchen, in beiden Fällen begründete Vermutungen anzustellen.

Zum einen stellt sich die Frage, wie arm oder reich die Familie Schormann gewesen sein könnte. So ein Hexenprozess kostete viel Geld und war sehr aufwendig. Da die Stadt durch die Kriegswirren hoch verschuldet war, muss herausgefunden werden, ob sie durch diese beiden Prozesse ihre Stadtkasse füllen konnte. Leider kann man nicht nachweisen, ob die Familie Schormann wohlhabend oder arm war. Vermutlich, gehörten sie zu der ärmeren Schicht, da dies auf die Mehrzahl der Einwohner zutraf. Bis auf wenige Ausnahmen, gehörten die Verurteilten zur ärmsten Schicht der Bevölkerung.[149]Meist reichten die Vermögen der verbrannten Frauen nicht aus, um die Kosten zu decken, die durch die Gefangennahme und Hinrichtung verursacht wurden. Die Akte gibt dazu nichts weiter preis.

Anzunehmen wäre, angesichts der nur halbherzig geführten Akte, dass die beiden Prozesse nur unnötig Zeit und Geduld in Anspruch nahmen, während draußen in der Stadt ein Ausnahmezustand an Angst und Schrecken herrschte. Zu berücksichtigen wäre dabei zudem noch das Urteil. Ausstellen am Pranger, falls ihnen die Prozesskosten erstattet würden. Vermutlich wollte die Kriminaljustiz somit den Fall schnell ad acta legen. Da es auch vergleichsweise längere Hexenprozesse in dieser Zeit gegeben hatte.

Ein weiteres Augenmerk sollte auf das Wetter gerichtet werden, da in der Vergangenheit immer ein Sündenbock für Dinge gesucht wurde, die man sich damals nicht erklären konnte.

---

[146] Wener, Hexenänneken, S.118
[147] Dorider, Vest Recklinghausen, S. 26
[148] Madynski, Marl; S.35
[149] Schormann, Hexenprozesse; S. 80

Der Winter 1649/50 war laut Rüdiger Glaser, eher mild. An 226 Tagen fand man in diesem Jahr Eintragungen über Niederschläge. Der Sommer war eher feucht. Besonders der Juni war gewitterreich und deshalb war auch Hochwasser an einigen Orten die Folge. Es waren eher sonnenarme Verhältnisse.[150] Da sich das Wetter allerdings auch schon in den Jahren zuvor ähnlich verhalten hatte, kann man in diesem Fall nicht von offensichtlichen Fakten sprechen. Trine wurde offiziell nicht wegen Wetterhexerei angeklagt, dennoch kann man, wenn man den Fall einmal genauer betrachtet davon ausgehen, dass dieser Faktor eine wesentliche Rolle spielte.

Durch eine wiederholt schlechte Ernte wurden die Nahrungsmittel knapp. Dies führt weitläufig zu Teuerungen und schlechter Ernährung. Eine Zunahme von Krankheiten, bei Mensch und Tier, war die Folge. Auf diesem Hintergrund lässt sich beobachten, dass der Hass auf die Nachbarn, wie im Beispiel der Vogtschen, die Trine Plumpe anklagt, sie vergiftet und verhext zu haben, sich leicht über die Bezeichnung als „Hexe" Luft machte.[151] Vielleicht waren einige der Kirschen, die Trine der Vogtschen angeboten hatte, verdorben, ohne dass man es geschmeckt hätte. Das wäre bei einem nassen Sommer in Folge nicht unwahrscheinlich. Die Geschädigte wird sich möglicherweise eine leichte Magenverstimmung oder sogar eine Lebensmittelvergiftung zugezogen haben. Auch das Trinkwasser könnte dabei eine Rolle gespielt haben. In Folge der vielen Niederschläge kann das Trinkwasser auch verdorben gewesen sein. Auch eine allergische Reaktion auf den Verzehr der Kirschen ist hier nicht auszuschließen. Oftmals tritt eine allergische Reaktion erst dann auf, wenn sich zwei Komponenten nicht vertragen. Da man nicht sagen kann, was die Vogtsche vorher gegessen hatte, könnte es sein, dass dieses zuvor gegessene Lebensmittel nicht ausgeschlagen hat, sondern erst die Kirschen dies hervorgerufen haben könnten. Ein Beispiel aus der heutigen Medizin:

Eine Allergie, wird oft erst hervorgerufen, nachdem man ein anderes Lebensmittel gegessen hat. In dem Fall spricht man von Kreuzallergien.

„Von Kreuzallergien spricht man, wenn spezifische IgE-Antikörper, die gegen ein bestimmtes Allergen gerichtet sind, auch andere Allergene aus anderen Allergenquellen erkennen können. Ein Beispiel ist das *oral allergy syndrome* (OAS) bei Birkenallergikern. Hier ist der Patient gegen das Hauptallergen im Birkenpollen, *Bet v 1*, sensibilisiert. Die *Bet v 1*-spezifischen IgE-Antikörper sind aber oft auch in der Lage, dem Bet v 1 sehr ähnliche Moleküle, z. B. das Mal d 1 im Apfel zu erkennen, was zu allergischen Symptomen führen kann. D. h. beim Birkenpollenallergiker können beim Verzehr von Äpfeln allergische

---

[150] Vgl.: Glaser, Klimageschichte, S.35
[151] Fuchs, Hexenverfolgung; S. 10 f.

Reaktionen wie Anschwellen und Juckreiz der Mundschleimhaut auftreten, obwohl der Patient nicht ursprünglich gegen Äpfel sensibilisiert ist, sondern gegen das Birkenpollenallergen *Bet v 1.*"[152]

Auch dies könnte in dem Fall der Vogtschen eine Ursache für die Erkrankung nach dem Verzehr der Kirschen gewesen sein. Es gibt sicherlich noch weitere Ursachen dafür, warum die Vogtsche nach dem Verzehr der Kirschen krank wurde. Aber dies wären die plausibelsten. Eine weitere Ursache für diesen Prozess könnte die Angst der Bewohner gewesen sein. Nicht nur Kriegsangst oder die Angst vor dem finanziellen Ruin, Hunger und Verlustängste spielten dabei eine Rolle. Die Leute versuchten einen Sündenbock für ihre Probleme zu finden. Die Sündenbockfunktion spielt in den meisten Hexenprozessen eine große Rolle. Irgendjemand musste an dem Unglück schuld sein, und genau die oder den Schuldigen galt es ausfindig zu machen. Dadurch dass die Familie Schormann bzw. Plumpe in der Vergangenheit dafür schon büßen musste, lag es nahe, dass man auch die letzten der Familie zur Strecke brachte. Aus Angst, sie könnten durch ihre Zauberkunst alles noch verschlimmern, wird man diese beiden Frauen genau beobachtet haben.

Auch im Protokoll wird dieser Punkt als wichtigstes Indiz behandelt. Aufgabe der Justiz war es, die Zauberschen aus der Mitte der Bevölkerung zu holen und gerecht zu bestrafen. Wer Anna Schorfeld denunziert hatte, geht nicht aus anderen Quellen hervor, deshalb tappt man auch hier wieder im Dunkeln. Es könnte durchaus jemand aus dem Dorf gewesen ist. Da Anna Schorfeld schon im Gespräch mit der Vogtschen angedeutet hatte, in die Hexenkunst eingeweiht zu sein. Auf diese Weise könnte sie auf sich aufmerksam gemacht haben. Da die Richter auf diese Aussage nicht weiter eingingen, ist zu vermuten, dass sie über Anna Schorfeld genauestens Bescheid wussten. Anna Schorfeld wurde während Trines Gefangennahme hingerichtet, somit kann diese Vermutung bestätigt werden.

Es geht zwar nicht eindeutig aus den Akten hervor, doch liegt die Annahme nahe, dass Anna Schorfeld geistig nicht gesund war, eventuell auch behindert war. Denn wer sonst würde in einer Zeit voll Schrecken und Angst mit seiner Hexenkunst prahlen. Sie muss auch schnell geständig gewesen sein, da sich ihr Prozess gerade mal einen Monat hinzog. Auch die Tatsache, dass sie ihre eigene Tochter besagt und sie diese Aussage während ihrer letzten Beichte noch einmal bestätigt, spricht dafür. Obwohl der Geisteszustand eigentlich durch die Richter ausführlich geprüft werden musste (Geisteskranke und Behinderte wurden in der Regel nicht gefoltert und verbrannt) kann man angesichts der Kürze des Prozesses davon ausgehen, dass Anna Schorfeld dement war. Trine Plumpe dagegen musste von der geistigen

---

[152] Vgl.: Jäger: Allergien. S. 27ff.

Verwirrtheit ihrer Mutter gewusst haben, da sie am Anfang des Prozesses angab, dass sie eigentlich keine Ahnung davon hatte, was ihre Mutter ihr da vorgeworfen hatte und dass sie nur auf vorheriges Bitten der Mutter alles gestanden hatte. Natürlich konnte die Mutter auch durch die peinliche Befragung so verstört worden sein, dass sie ihre Tochter auf Grund dessen besagt hatte. Dies würde aber noch nicht erklären, warum sie zuvor schon damit geprahlt hatte, eine Hexe zu sein. Die Angst vor geistig Behinderten oder verhaltensgestörten Menschen muss damals sehr groß gewesen sein, gerade in Zeiten vor oder nach einem Krieg. Da man sich kein Bild von der Person Anna Schormann machen kann, könnte man dennoch vermuten, dass auch ihr Aussehen viele erschreckt hatte.

Die Sexualangst wäre auch ein wichtiger Faktor, den man sich zu dem Fall Trine Plumpe genauer ansehen sollte. Da in Hexenprozessen meist die Teufelsbuhlschaft und somit der sexuelle Akt mit dem Teufel genauestens untersucht wurde, spielt auch dieser Punkt eine wichtige Rolle. Aus der Kriminalakte der Trine Plumpe lässt sich durchaus schließen, dass sie eine selbstbewusste junge Frau gewesen sein muss. Auch aus der Aussage der Vogtschen kann man dazu einiges entnehmen. Nicht zuletzt die Tatsache, dass sie die grausamen peinlichen Befragungen überlebt hatte, spricht dafür.

Trine hatte Mut, war wortgewandt und konnte allen Hexereivorwürfen widerstehen. Allein dieses Selbstbewusstsein war ein Verdachtsgrund mehr. Da man nicht herausfinden konnte, wie Trine aussah, wäre es dennoch möglich, dass sie eine hübsche junge Frau war. Vielleicht gab es Neider, die ihr den Mann nicht gönnten? Da sie vorgab, schwanger zu sein, war sie vielleicht auch verheiratet. Vorehelicher Beischlaf war strengstens verboten. Falls sie nicht verheiratet war, könnte dies auch ein Grund gewesen sein, warum sie vielen ein Dorn im Auge war. Vielleicht war auch die Mutter mit der Wahl ihres Mannes oder ihres Lebens nicht einverstanden und besagte sie deswegen. Da man darüber nichts weiter herausfinden kann, bleibt auch dies eine unbegründete Vermutung.

4.   Zusammenfassung

Der Prozess Trine Plumpe ist sehr schwierig zu analysieren, da man sich kaum auf Fakten stützen kann. Die Hintergründe, die eine Rolle gespielt haben könnten, beruhen eher auf vagen Vermutungen. Eine Beweisgrundlage gibt es dafür nicht. Allerdings kann man aus den wenigen Informationen, die man aus der Prozessakte bekommt, schließen, dass mehrere Faktoren in dem Prozess eine Rolle gespielt haben. Man kann sowohl von persönlichen Gründen für die Denunziation als auch von äußeren Ursachen sprechen. Beide Faktoren beeinflussen sich und stehen in einem inneren Zusammenhang. Der Krieg und seine Folgen beeinflussten das Denken und Handeln der Bevölkerung. Die Angst der Bewohner war allgegenwärtig. Jenseits dieser Angst stand der Wunsch nach Vergeltung für die Verluste und Probleme, die sie auf sich nehmen mussten. In vielen anderen Gebieten, wie das oben beschriebene Beispiel aus Mecklenburg zeigt, kam es nach dem Dreißigjährigen Krieg zu einer weiteren Verfolgungswelle. Vermutlich, weil die Menschen einen Sündenbock für ihre traurigen Schicksale suchten. Auch im Fall Trine Plumpe wird es ähnlich gewesen sein. Die Stadt Recklinghausen war gezwungen, diesem Verdacht nachzugehen und den Fall aufzunehmen. Vermutlich waren den Bürgermeistern der Stadt, die verantwortlich für jegliche Rechtsangelegenheiten waren, die beiden Fälle während dieser Zeit eher lästig als angenehm, da sie mit dem Wiederaufbau der Stadt beschäftigt waren und einen riesigen Schuldenberg zu verkraften hatten. Aber auch das Strafgericht hatte seine Aufgaben.

Abgesehen davon, dass der Prozess überhaupt geführt wurde, handelte es sich der Akte nach um einen normalen Ablauf eines Hexenprozesses. Die Regeln, die ein Prozess forderte, wurden eingehalten. Die Angeklagte wurde, nachdem sie mehrfach verhört wurde, gütlich sowie peinlich, ohne Geständnis aus der Haft entlassen. Sie lieferte kein Geständnis und die Rechtsgelehrten konnten auch keine weiteren Indizien vorbringen. Sie konnten kein Todesurteil verhängen, da sie kein Geständnis hatten. Somit stellte man sie an den Pranger. Da Trine Plumpe kein Geständnis ablegte, war nach damaliger Rechtsordnung der Freispruch die logische Konsequenz. Das Ausstellen am Pranger kam einem Freispruch gleich.

c) Anmerkung zum Prozess Anna Spiekermann im Jahre 1705/06

(Nach den Berichten von Prof. Schmitt, Dr. Walter Haneklaus, Heinz Wener und Gudrun Gersmann zusammengefasst dargestellt.)

1. Der Prozess Anna Spiekermann, genannt Hexenänneken

Anna Spiekermann wurde 1671 als uneheliche Tochter von Elken Spiekermann auf dem elterlichen Kotten in Sutum, einer Buerschen Bauerschaft geboren. Sie hat ihren Vater, der Soldat im siebenjährigen Krieg war, nie kennen gelernt. Ihre Mutter verstarb früh. Dadurch wurde Anna schnell zur Waisen. Vermutet wurde, dass sie an der Schmach einer allein erziehenden Mutter gestorben ist. Obwohl die Recklinghäuserinnen auch unabhängig sein konnten, wenn sie vermögend waren, schickte es sich nicht, ein uneheliches Kind zur Welt zu bringen und es alleine aufzuziehen. Doch ihre Verwandtschaft wollte sich auch nicht um sie kümmern. Trotz allem wuchs sie zu einer hübschen Frau heran und heiratete sich in gehobenen Kreisen ein. Ihr Mann hieß Dirich Brockmann. Obwohl die Dorfleute immer wieder schlecht über Anna redeten, und Dirich auch vor Anna gewarnt hatten, hinderte es ihn nicht daran, Anna zu heiraten. Sie bekamen eine Tochter, namens Mariken. Doch Annas Glück währte nicht lange, da Dirich im Krieg fiel. Anna, musste den Hof der Schwiegerfamilie verlassen. Mittellos lief sie mit ihrer kleinen Tochter nach Buer, doch auch ihre Verwandten wollten sie nicht aufnehmen. Ihre Tante, eine geborene Spiekermann, namens Reicksche aus der Freiheit Westerholt nahm sie schließlich bei sich auf.

Anna nahm eine Stelle bei den Bockelkamps und den Wehlings als Magd an. Nach zwei Jahren verstarb ihre Tochter. Während dieser Zeit stellte ihr täglich ein offensichtlich widerlicher Kerl namens Johannes Krampe nach. Anna wies ihn aber stets ab. Nach einiger Zeit verlobte Johannes Krampe sich mit einer Magd vom Schloss namens Dina. Trotz der Verlobung verfolgte er Anna weiterhin. Da sie ihn wieder und wieder abgewiesen hatte, wollte Krampe sich rächen und behauptete, dass Anna ihn verhext hätte, indem sie ihm die Manneskraft genommen habe. Daraufhin wollte er sie vor Zeugen zwingen, diesen Fluch von ihm zu nehmen. Am gleichen Abend ging er mit 20 betrunkenen Junggesellen zum Haus der Reickschen und forderte Anna heraus. Anna versuchte vor dieser Meute zu fliehen. An diesem Abend fanden sie Anna noch nicht. Am nächsten Tag wurde weiter nach der „Hexe" gesucht. Sie bedrohten ihre Tante abermals. Letztlich stellte sie sich auch auf die Seite der Jäger, da ihr Anna schon länger ein Dorn im Auge war und sie nur eine Möglichkeit gesucht hatte, diese Last loszuwerden. Anna konnte sich noch für eine weitere Nacht verstecken, wurde aber auf ihrem letzten Fluchtversuch von Krampe aufgespürt und durch das Dorf gejagt. Da es Sonntag war und die Messe zu Ende ging, bekam es das gesamte Dorf mit. Alle verfielen sofort in Hexenwahn und liefen laut schreiend, mit Knüppeln in der Hand, hinter Anna her. Sie konnten Anna auch bald einfangen und festhalten. Sie wurde beschimpft und mit Knüppeln geprügelt, bis sie ein Geständnis ablegte. Daraufhin schritt der Pastor ein, um der Hexenjagd einstweilen ein Ende zu setzen. Er legte Anna eine Hand auf den Kopf und beschwor sie, nach den Regeln der Tränenprobe:

Anna Spiekermanns ich beschwöre dich bei den bitteren Tränen, die von unserem herrn und heiland Jesus Christus für das Heil der Welt vergossen wurden, und bei den heiligen Tränen, die von der glorreichen Jungfrau Maria, seiner Mutter, über seine Wunden in der Abendstunde geweint wurden und bei allen Tränen, welche hier auf der Erde alle Heiligen und Auserwählten Gottes vergessen und von deren Augen er längst alle Tränen getrocknet hat, daß du, wenn du unschuldig bist, Tränen vergißest, wenn du schuldig, nicht. Im Namen Gottes, des Vaters, Sohnes und heiligen Geistes. Amen[153]

---

[153] Schmitt, Anna Spiekermann; S. 17-18

Anna konnte nicht weinen und saß keine 15 Minuten später im Kerker aufgrund des Geständnisses, welches sie vor Zeugen abgegeben hatte. Als sie aus ihrer Ohnmacht im Gefängnis erwachte, saß die Gräfin bei ihr und wusch ihr die Wunden. Vor ihr weinte sich Anna aus und erzählte ihr die ganze Wahrheit, auch dem Pater beichtete sie dieses. Am selben Abend noch wurden Pater, Pastor und Richter auf der Burg zum Essen eingeladen um diesen Fall zu klären. Die Gräfin sowie der Klerus setzten sich für das Hexenänneken ein, doch vergebens. Graf und Richter wollten diese Geschichte nicht hören. Sie setzen auf die vermeintlichen Fakten, und diese waren nun mal das Geständnis und vor allem die Zeugenaussage Krampes. Da sich die Gräfin mit dem Starrsinn der Männer nicht abfinden konnte, befahl sie, Gutachten zu dem Fall einzuholen, die die Unschuld bzw. Schuld der Verdächtigen beweisen sollten. Während sie in den nächsten Tagen auf die Gutachten warteten, waren Pater und Pastor nicht untätig. Während ihrer Predigten ermahnten sie diejenigen, die hasserfüllt auf Anna eingeprügelt hatten. Sie stellten Anna als Opfer dar, die wegen der Wollust eines Mannes in Ungnade gefallen war. Die Gräfin kümmerte sich täglich rührend um Anna. Dem Grafen gefiel dies aber nicht und er verwehrte seiner Frau den Besuch bei Anna und dem Pastor den Zugang zum Schloss. Somit war sie von da an auf sich allein gestellt. Die Abneigung von Graf und Richter gegen Anna wurde durch regelmäßige Gerüchte, die von Krampe an den Grafen getragen wurden, noch verstärkt. Dina, die im Schloss arbeitete, war die Übermittlerin.

Nach einiger Zeit wurde das Volk wachgerüttelt und war sichtlich empört über das Verhalten des Grafen.

Bis zu diesem Zeitpunkt fand noch keine weitere Gerichtsverhandlung statt. Anna saß über Wochen im Kerker, ohne dass sie verhört wurde.

Dann endlich, am 16. April 1705, fand die erste Voruntersuchung statt. Anna Spiekermann wird verhört:

Es wurde festgestellt, dass die Inhaftierte aus der Gemeinde Buer stammte, und zwar von Spiekermanns Kotten aus Sutum. Sie gab dann weiter nach den Akten an, 5 oder 36 Jahre zu sein. Bei Beginn des Prozesses wohnte sie erst vier Jahre in Westerholt bei ihrer Möhne. Diese, die ebenfalls Anna Spiekermann hieß, erklärte, daß Änneken ihrer Schwester Kind sei und zwar von einem in Dienste stehenden Soldaten aus Buer. Es ergibt sich weiter, daß Änneken Elßkens Tochter ein uneheliches Kind ist. Änneken sagte, gab Änneken Senior aus, einen Dirck Brockmann aus Sutum geheiratet, der aber vor vier Jahren im Krieg fortgekommen ist. Sie habe von Dirck ein Kind gehabt, das vor 1-2 Jahren gestorben sei. In Westerholt sei Änneken nach dem Tode ihres Mannes bei mehreren Leuten im Dienst.[154]

---

[154] Schmitt, Anna Spiekermann; S.122

Am 19. April 1705, wurde der Fall aufgenommen. In mehreren Terminen wurde Anna befragt. Das Gesamtbild des Prozesses zeigt dauernde Verworrenheit. Wann immer die Angeklagte etwas zugibt, widerruft sie es bald danach.

Dazu das Protokoll vom 19. April 1705:

Am Verhör vom 19. April 1705 nahmen die kurfürstlichen Herren, Bürgermeister Sander, der Rat und Assessoren teil. Der Fiskus stellte die Inhaftierte vor und Anna sollte den Inhalt des am 16. April gehaltenen Protokolls (also der Voruntersuchung) vorstellen. Daraufhin sollte sie bestraft werden. Von Anfang des Prozesses an hielt der Richter Anna das Geständnis vor und brachte die Angeklagte so weit, dass sie noch einmal dasselbe Bekenntnis ablegte und noch eine Anzahl von Kindermorden zugab. Auch Krampe wurde noch einmal vorgeladen und verhört. Er gab Anna nochmals die Schuld an seinem Unglück und beharrte auf seiner Meinung, Anna hätte ihn verhext. Er verschwieg, dass er schon lange, bevor Anna nach Westerholt gezogen war, wegen seiner Impotenz verschiedene Ärzte aufgesucht hatte. *„Du allein bist an meinem Unglück schuld. Wenn ich nicht etwas von den Geistlichen gebraucht hätte, würde ich schon wohl tot sein."*[155]

Er gab an, dass er nach Essen zu den Kapuzinerpatres gegangen war, um sich heilen zu lassen. Pater Damasus, der aus der Stadt Recklinghausen stammte, und auch Buer vertrat, wurde ebenfalls verhört, doch seine Aussage wurde nicht beachtet. So fragte der Richter Sanders Anna, *„ob den Änneken, die Krampes Manneskraft genommen, sie ihm diese nicht wiedergeben könne."*[156] Diese konnte ihm diese Frage aber nicht beantworten, da sie nicht wisse, wie sie dies tun sollte. Krampe gab weiter an, *„dass er durch einen Chirurgus und Doctor der Medizin sein Malleur habe feststellen lassen."*[157] Der Richter verhört Anna weiter. Er befragt sie, ob sie denn auch Kühe verhext hätte. Dies verneinte die Angeklagte, gab aber an, dass ihre Tante dies getan hätte. Schließlich hätte sie von ihr das Hexen erlernt. Damit schließt das Protokoll vom 19. April.

Am 23. April 1705 wurde der Prozess wieder aufgenommen und der Richter Sander stellt Tante und Nichte gegenüber. Zuerst warf Anna ihrer Tante allerhand Geschichten vor, die ihren Verdacht bestätigten und beweisen sollten, dass sie durch ihre Tante ans Hexen gekommen war. Daraufhin fuhr die Tante auf und beschuldigt Anna, sie würde lügen und der Teufel würde sie dazu bringen: *„Du lügst wie ein Teufel, der Satan rückt dir die Zunge."*[158]Sie erklärt den Richtern, dass ihre Nichte lüge, und Anna begann darauf zu weinen und ihre

---

[155] Schmitt, Anna Spiekermann; S.123
[156] Ebenda.
[157] Ebenda.
[158] Ebenda; S.123-124

Lügen zuzugeben. Daraufhin fragte der Richter sie, wie sie denn so entsetzlich lügen könnte. Da antwortete sie: *„Ich bin so verdummt, daß ich nicht mehr weiß, was ich tue oder sage, ich weiß von gar nichts, was ich gesagt und getan und nehme alles gegen die Tante Gesagte zurück."* [59] Man kann aber die Aussage Annas gegen ihre Tante gut verstehen. wie aus den Prozessunterlagen hervorgeht, muss die Tante sehr schlimme Aussagen gegen ihre Nichte gemacht haben. In einem Gutachten wird sie als Weib von übelstem Ruf bezeichnet. Hiermit schließt das Protokoll vom 23. April 1705.

Der nächste Verhandlungstermin war der 7. Mai. Da wurde Änneken befragt, ob sie, seitdem sie in der Freiheit Westerholt lebe, als *„unweiß"* (unvernünftig) zu bezeichnen sei. Daraufhin antwortete diese, sie sei immer *„weiß"* (vernünftig) gewesen und dafür gehalten worden. Ausdrücklich wurde an die Vernunft der Angeklagten appelliert, da Geisteskranke nicht verurteilt werden durften. Eigentlich passte dieses Verhör so gar nicht in den Prozess, aber die Richter wollten sich wohl absichern, dass sie nicht falsch handelten.

Anna Spiekermann wurde an vielen weiteren Tagen gütlich befragt. So zum Beispiel nach der Teufelsbuhlschaft, nach dem Teufelsmahl, nach Vergiftung von Mensch und Tier und so weiter. Außerdem wurden aus Westerholt noch weitere 20 Zeugen verhört.

Wie man an dem Prozesshergang sehen kann, herrschte fast durchgängig Verwirrung, da die Angeklagte häufig Gestandenes zurücknahm und auf innere Verwirrtheit schob. So kamen die Richter nicht weiter. Auch Pater Damasus erinnerte die Richter immer wieder daran, dass kein Beweis vorläge. Schließlich wurde ihm erwidert, dass Annas Geständnis zwar erwünscht wäre, aber nicht dringend notwendig sei. Auf Drängen des Paters und der Gräfin holte der Richter weitere Gutachten ein, die Annas Unschuld weitestgehend bewiesen. Doch dem Richter war an Annas Unschuld nichts gelegen und er las die Gutachten nur flüchtig. Aber in der Verhandlung wusste er, wovon er sprach. Keines der Gutachten wurde zugelassen.

Da man dennoch in dem Fall nicht weiter kam, wurde ein unparteiischer Rechtsgelehrter angerufen, der sogleich die Tortur, also die peinliche Befragung, anordnen ließ.

„dann sei sie auf Grund der Carolina Art. 109 mit dem Feuer vom leben zum Tod zu strafen, da die andtliche des krampe und des Medici Herrn Sander (wohl ein Bruderdienst für den Herrn Richter) und des Chirurgen Schulz pro re delicti genugsamb konftierten. (d.h. zum Schuldbeweis) genügten)" [160]

Die Folter wurde angeordnet und Anna Spiekermann wurde peinlich verhört. Zunächst wurden ihr, wie in jedem Hexenprozess die Werkzeuge gezeigt; da sie dennoch nicht gestehen wollte, wurde mit der Folter begonnen.

---

[159] Schmitt, Anna Spiekermann; S.124
[160] Schmitt, Anna Spiekermann; S.127

In Criminalsachen hohen Fisci des Freiherrn von Westerholt und Annam Spiekermann juniorem ist auf Veranlassung und nach reiflicher Erwägung aller Umstände, auf eingeholten Rat eines unparteiischen Rechtsgelehrten zu Recht erkannt, daß pennlich Beklagte absque judicio confessatorum über eingeklagte Posten und Herxeren, welche sie gestern teils in judicio (vor dem Gericht) zwaren gestand und bekandt, aber in circumftatiis (nach den Umständen) ganz (zu ergänzen.: geläugnet) und zumahlen variiert hat, der Tortur zu untnerwerfen und peinlich abzufragen sei, inmaßen denn hiermit bekannt wird[161]

Am 15. Juni bekamen die Richter eine neue Zeugenaussage. Eine Frau Melchers sagt aus, Anna hätte ihr Kind vergiftet. Diese Aussage wurde unter der peinlichen Befragung untersucht.

Nach anfänglichem Verneinen gestand Anna doch und gab noch einen weiteren Kindsmord zu. Unter der wiederholten Tortur gestand sie weitere Dinge. Zum einen soll sie auch mit dem Teufel, den sie als dunkelhaarigen, braungebrannten Mann beschrieb, auf dem Dachboden der Wehlings getanzt haben. Sie gab immer wieder Treffen mit dem Teufel zu, die sie dann mit viel Phantasie ausschmückte. Dies macht sie aber nur, weil die Richter immer mehr hören wollten. Die Treffen mit dem Teufel wurden von Befragung zu Befragung häufiger. Doch diese Geständnisse reichen den Richtern nicht aus. Sie wurde immer wieder peinlich verhört und musste weitere Bekenntnisse ablegen.

Ein Dreivierteljahr wurde sie schon zur scharfen Nachfrage vors Gericht gerufen. Alle Geständnisse reichten nicht. Man ließ sie noch bis Januar 1706 im Kerker sitzen und im Ungewissen. Keiner konnte verstehen, dass sie trotz mehrfacher Geständnisse immer wieder peinlich befragt wurde. Die Inhalte der Gutachten, die Anna freisprachen, wurden bekannt. Das gesamte Dorf zweifelte mittlerweile an Annas Schuld, da viele Gerüchte umgingen, die ihre Schuld widerlegten und Krampe, die Tante, und Frau Melchers als Lügner dastehen ließen. Diese drei wagten sich Anfang des Jahre 1706 kaum noch aus dem Haus, da sie von allen anderen Bewohnern gemieden oder sogar geächtet wurden. Die Freiheitskämpfer der Stadt begannen sich gegen ihre Herren aufzulehnen. Dieser Prozess hatte ihnen die Augen geöffnet. Am 14. Januar sollte die Folter fortgesetzt werden, an diesem Tag blieb kein Bürger still zu Hause sitzen. Sie stürmten bewaffnet die Burg und versuchten ins Innere einzudringen. Doch die Wachen konnten sie zurückhalten. Währenddessen setzten die Richter die peinliche Befragung auf das Schärfste fort. Das Volk wurde immer unbändiger, schrie und bewarf die Burg mit Steinen. Je mehr das Volk wütete, desto länger zog sich der Prozess hin, da die Amtmänner befürchteten, sie würden von der wilden Meute angegriffen. An diesem Tag wurde Anna der Nadelprobe unterzogen. Obwohl sie alles gestand, was Richter Sander von

---

[161] Schmitt, Anna Spiekermann; S.13

ihr hören wollte, gab er sich nicht damit zufrieden und ließ sie noch weiter quälen. Am späten Abend, nachdem sich das Volk zerstreut hatte und es in den Straßen ruhiger geworden war, konnten sie den Fall schließen. Das Urteil lautete:

In peinlicher Inquisitionssache fici des Frenherrn von weterholt Kläger eins gegen un wider Annam Spiekermanns junior, beklagte anderren theilles ist auf abermaliger Untersuchung der Akten, nunmehr genugsam eingenommener Kundschaft, andtlich abgehörter Zeugenaussage undso freiwillig – als in peinlicher Frage getanen Bekenntnises amtshalber vorbeschlossen, auf- und angenommen, demnächst mit Zuziehung unpartheiischer Rechtsgelehrten erkannt, daß Angeklagte wegen teils gestandener , teils überzeugter Zauberung und dadurch an Menschen und Vieh verübten Schadens mit dem Schwert vom Leben zum Tode hinzurichten und demnächst deren toten Körper anderen zum abscheulichen Exempel durch den Scharfrichter öffentlich zer verbrennen sei, immaßen dann also hiermit die Beklagte hinzurichten und zu verbrennen erkannt wird.[162]

Als das Urteil unter den Bewohnern bekannt wurde, flammte erneut helle Empörung auf. Sie zogen mit Knüppeln, Dreschflegeln, Mistgabeln und sogar mit Feuerwaffen vor das Burgtor, drangen gewaltsam in den Burghof ein und verlangten Gerechtigkeit, Zurücknahme des Urteils und Freisprechung. Ein Aufruhr begann, alle gegen die Obrigkeit aufgestaute Wut schien sich zu entladen. Lange genug hatte die Herrschaft ihnen Freiheit und Rechte genommen. Mit diesem Urteil ging die Obrigkeit zu weit. Doch die Bürger wurden von den Soldaten zurückgedrängt. Man schwor, die Hinrichtung mit allen Mitteln zu verhindern. Aus Angst davor bat der Graf um militärische Unterstützung von außerhalb. Am 9. März schrieb der Graf einen ausführlichen Bericht an die Obrigkeit, den Statthalter und Kurfürsten:

... von der ärgerlichen und anmaßenden Portesstation, so die Westerholtschen Untertanen ihrem eigeren Jurisdiktionsherrn an dessen Burghaus anmäßlich insinuieren lassen." Ferner heißt es weiter, dass es: „allen Criminagerichten freistehe, vorzunehmende Exekutionen auf gemeinsamen Oertern und Plätzen, wo denselben beliebt, vornehmen zu lassen. Es sei aber zu befürchten, daß die widerspenstigen Untertanen ihrem bereits befundenen Gebrauch nach strafbahlich via facti (durch Gewalttat) und mit gewappneter Hand behinderten, deshalb wird gehorsamst verlangt, daß denselben solches scharf und poenaliter (durch Bestrafung) inhibiert werden möge.[163]

Der Wunsch des Grafen wurde erfüllt. Am Tag der Hinrichtung war ganz Westerholt im Belagerungszustand. An die 700 Landschützen aus den Nachbarorten, 31 Korporale und Tamboure und 9 Amtfrone aus Polsum, Recklinghausen, Gladbeck, Datteln, Oer und Suderwich hielten die aufgebrachten Bürger im Zaun. Es war unmöglich, Anna Spiekermann auf ihrem Weg zur Richtstätte zu befreien. Ihr Schicksal war somit besiegelt. Am 31. Juli des

---

[162] Schmitt, Anna Spiekermann; S.135

[163] Schmitt, Anna Spiekermann; S.136

Jahres 1706 wurde die 36jährige Witwe und Dienstmagd Anna Spiekermann, nach über 15 Monaten Kerkerhaft wegen "Zauberei" und des an Menschen und Vieh verübten "Schaden" zum Tod durch das Schwert verurteilt. Das Urteil wurde auf der Wetterwiese in Westerholt vollstreckt. Vor ihrer Enthauptung führte der Scharfrichter den Anwesenden, die aus allen Teilen der näheren Umgebung gekommen waren, das Richtschwert zur Abschreckung vor. Dann wurde noch einmal das Todesurteil verlesen. Anna wurden die Kleider um den Hals herum abgeschnitten, sie leistete dabei keinerlei Widerstand. Das Hinrichtungsprotokoll beschreibt die letzten Minuten im Leben der Anna Spiekermann:

Sentia: Die condemnierte Anna Spiekermanns mit dnm Schwerdt vom leben zum thodt hingerichtet und des Freiherrn von Westerholt Herrn Richter jobst werneren Sander gefraget, ob er sein ambt nicht wol so weit herrichtet hätte, drauf der Herr Richter geantwortet jah und müste alweiter geschehen. Wie dann der Scharfrichter die ermahnung an alle umbstehenden, daß sie sich vor dergleichen missetaten verhüten mögten verrichtet, haben des knechts meister ludwich von buer und übrige 3 (Henker) an den auf gen. Platz große Wetter stehenden Pfahl das Holz angezündet und das corpus (Leib) totaliter (völlig) zum öffentlich Exempel aliorum (anderer) verbrandt. Sic actum Westerholt.
Ut super in fidem protocolli: Theod. Melch. Boeckmann zu Westerholt scrips et subscripsit.[164]

Mit diesen Worten wurde der Fall Anna Spiekermann abgeschlossen und zu den Akten gelegt. Es dauerte noch weitere 16 Monate, bis man sich darüber einig war, wer die Prozesskosten bezahlen sollte.

2. Ursachenerklärung zu diesem Fallbeispiel

Als erstes wird auf die Epoche eingegangen, bevor die Hintergründe zu dem Fall erläutert werden.

Mit dem aufgeklärten Absolutismus des 18. Jahrhunderts vordringenden Spielart des strömte aufklärerisches Gedankengut in die traditionellen Begründungen von Herrschaft ein. Der Versuch der Landesherren, im Zeichen des Absolutismus eine homogene Untertanenschaft zu formen, führte zu mannigfachen obrigkeitlichen Initiativen, die Bevölkerung auch im sozialen Bereich den neuen staatlichen Zielen zu unterwerfen. Im 18. Jahrhundert setzten zudem große Veränderungen im gesellschaftlichen Sektor ein. Im Bürgertum setzten Wandlungs- und Differenzierungsprozesse ein, die in der Folgezeit die Erschütterung der Ständegesellschaft einleiteten.

Das Prinzip der Ungleichheit, die man als natürlich oder göttlich ansah, bildete das Zentrum des gesamten Gemeinwesens. Eine dualistische Sozialstruktur.

---

[164] Schmitt, Anna Spiekermann; S.137

Auf jeder Ebene gab es Menschen, die herrschten und andere die gehorchten. Diese Ungleichheit galt als prinzipiell nicht aufhebbar. Nur durch Heirat, Bildung oder Vermögen konnte man in einen höheren Stand kommen. Der Adelige versuchte sich immer wieder gegen den Rest der Bevölkerung zu behaupten.[165] Der Beruf des Adeligen war das Herrschen über andere.

Seit Jahrhunderten war das Leben der Menschen in Europa durch Tradition und Glauben geregelt. Die gesellschaftliche Ordnung wurde als von Gott gewollt angenommen und es gab auch keinen Widerspruch dagegen. Ab dem 18. Jahrhundert sollte das sich ändern. Viele Menschen begannen an den traditionellen Anschauungen zu zweifeln. Sie riefen vermehrt dazu auf, die alten Traditionen im Sinne der Vernunft neu zu überdenken. Die Vernunft sollte die Menschen über ihre Irrtümer aufklären und ihr Wissen in allen Richtungen erweitern.[166]Die Bevölkerung begann in neue Richtungen zu denken und alte Gewohnheiten abzulegen. Der Vernunftgedanke prägte den Alltag. Der wichtigste Grundsatz der Aufklärung besagte, dass die Vernunft im Stande sei, die Wahrheit ans Licht zu bringen. Als eine der wichtigsten Errungenschaften der Aufklärung gilt die Verabschiedung der ersten demokratischen Verfassungen der Neuzeit sowie die Niederschrift unveräußerlicher Menschenrechte. Hiermit wurde die geistige Aufklärung auf Staaten und Gesellschaften übertragen.

2.1. Der politische Hintergrund

Der Prozess gegen Anna Spiekermann zog sich fast 16 Monate hin. Dies lag nicht zuletzt daran, dass er für den Graf viel mehr war als ein einfacher Hexenprozess. Er musste seine Macht demonstrieren. Der zeitlich historische Hintergrund war die Zeit des Absolutismus und gleichzeitig der Hintergrund der Aufklärung. Ausschlaggebend war nicht selten die Stimmung in der Bevölkerung. Die Obrigkeiten waren in hohem Maße von der Stimmung der Bevölkerung abhängig. Besonders in Krisenzeiten wurden sie zum einen durch Petitionen und zum anderen durch die Androhung direkter Rebellion durch die Untertanen regelrecht unter Druck gesetzt.

Die Ursache für den Prozess lag in dem seit langem schwelenden Machtkampf zwischen dem Grafen von Westerholt, der gleichzeitig Schlossherr und Gerichtsherr war und den Westerholtern. In diesem Machtkampf forderten die Bürger mehr Freiheiten und die Ablösung der Feudallasten.

---

[165] Münch, Lebensformen, S.58-110; hier: S. 66
[166] Ebenda; S. 66ff.

Vor diesem Hintergrund besaß der Prozess der Anna Spiekermann eine außerordentliche politische Brisanz. Im Grunde ging es um eine Kraftprobe zwischen den Einwohnern und dem Grafen von Westerholt. Letzterer demonstrierte seine Macht, indem er zur Hinrichtungsstätte für Anna Spiekermann einen Platz bestimmte, an dem die Prozessionen der Westerholter traditionsgemäß vorbeizuziehen pflegten. Die Einwohner fassten diese Entscheidung als Provokation auf und reagierten mit Beschwerden beim kurfürstlichen Gericht Recklinghausen.

Allerdings ergriff die kurkölnische Landesbehörde eindeutig Partei gegen die Westerholter und für den Grafen und Gerichtsherrn.

Die Anwesenheit der Landschützen sollte die Durchführung einer störungsfreien Exekution garantieren und damit gleichzeitig öffentlich die Jurisdiktionsgewalt des Grafen demonstrieren.

Der ungewöhnlich lange Prozessverlauf und somit ihr 16 Monate lang dauerndes Martyrium war die Folge der Machtkämpfe zwischen den Feudalherren und den Dorfbewohnern, die politische Rechte und Freiheiten einforderten.

2.2. Persönliche Gründe

Natürlich spielten auch persönliche Gründe in Annas Fall eine ausschlaggebende Rolle.

Offensichtlich ist, dass Johannes Krampe Anna Spiekermann zu Unrecht anklagte. Er beschuldigt sie bewusst fälschlich der Hexerei, weil sie nicht auf seine Annäherungsversuche eingeht, verlor Anna Spiekermann ihr Leben.

Doch schon vorher war ihr Leben geprägt von Anfeindungen und Hass. Schon seit ihrer Kindheit verfolgte sie der Ruf des Unnormalen. Dies allein dadurch, weil sie als uneheliches Kind und ohne Vater aufwuchs. Auch ihre weitere Familie wandte sich von ihr und ihrer Mutter ab. Diese verstarb sehr früh, vermutlich an der Schande, die sie über sich gebracht hatte. Die unverheiratete allein lebende Frau wurde in der Gesellschaft der frühen Neuzeit ausgegrenzt. In der frühen Neuzeit mieden die Leute einen, wenn man anders war als andere.

Das Pech verfolgte sie weiterhin. Nachdem auch ihr Ehemann gestorben war und sie vom Hof ihrer Schwiegereltern vertrieben wurde, musste sie ihren Lebensunterhalt allein verdienen. Ein Erbe scheint sie nicht bekommen zu haben, obwohl es in der Zeit üblich war, dass der Witwe ein Teil des Vermögens zustand. „Für viele bedeutete der Tod des Mannes, dass sie fortan angreifbar waren und allein da standen. Theoretisch hatte die Familie des Mannes für sie die Verantwortung übernommen"[167]. Die Wirklichkeit sah aber anders aus, wie man am

---

[167] Vgl.: Anderson, Frauen in Europa; S. 430

Beispiel der Spiekermann sehen kann. Entweder wurde die Witwe als Spielball benutzt, der sie unverheirateten Männern als Freiwild aussetzte, oder man warf sie hinaus, natürlich ohne Erbe oder Rückgabe der Mitgift. Die rechtliche Stellung der Frau war in der frühen Neuzeit ohnehin sehr schlecht. Als Tochter stand sie unter der Vormundschaft des Vaters, als Ehefrau unter der des Mannes.[168] Der Witwenstand war eigentlich kein besonders schlechter Stand in Recklinghausen. Er brachte den Frauen eine größtmögliche Unabhängigkeit bei gleichzeitiger gesellschaftlicher Anerkennung. Deswegen waren Witwen, die wirtschaftlich und finanziell abgesichert waren, nicht immer auf rasche Wiederheirat aus.

Doch die Möglichkeit zum Gelderwerb war in der Regel recht gering. Im Fall Anna Spiekermann kann man sehr gut nachvollziehen, warum sie keine Liaison mit Krampe beginnen wollte. Sie war ihr Leben lang unabhängig, da sie weder unter der Vormundschaft eines Vaters noch sonst eines männlichen Verwandten stand. Gerade die Freizügigkeit, dieser Wunsch nach Selbstbestimmung wurde ihr zum Verhängnis. In der frühen Neuzeit war es, anders als heute, gang und gäbe, dass jeder über jeden Bescheid wusste. „Die Nähe sämtlicher Beteiligter"[169]konnte oft zum Verhängnis werden. Alle im Dorf kannten sich untereinander. „Die frühneuzeitliche Lebensformen waren zentral vom Prinzip Gesellichkeit geprägt".[170]In der Regel sprangen die Verwandtschaften ein, wenn Haus und Familie, Unterhalt, Schutz und Fortkommen der Familienmitglieder nicht mehr gewährleisten konnten. Sie sorgten für Waisen, übernahmen Vormundschaften und halfen mit Rat und Tat bei Fragen der Erziehung, der Berufsausbildung und Partnerwahl. Danach war die zweitwichtigste Sozialform die Nachbarschaft[171]. Sie bestimmte das Leben in Stadt und Land in heute nur noch schwer nachvollziehbarer Art und Weise. Anna Spiekermann wurde dieser Zusammenhalt vom Anfang ihres Lebens an versperrt. Da die Verwandten sie niemals aufnehmen wollten und sie sich ihr ganzes Leben lang alleine durchschlagen musste, gehörte sie automatisch nach den unerbittlichen Gesetzen der Gesellschaft zu den Randgruppen. Obwohl sie später doch noch von einer Tante, die sie jedoch stets schlecht behandelt hatte, aufgenommen wurde, blieb sie eine Außenseiterin. Da dies ihre Existenz geprägt hatte, kann man davon ausgehen, dass sie früher oder später sowieso als Hexe denunziert werden musste. Allein deswegen, weil sich ihr Leben von dem der anderen komplett unterschied.

---

[168] Vgl.: Thiesbrummel, Recklinghäuserinnen
[169] Fuchs, Hexenverfolgung; S. 58
[170]Vgl.: Münch, Lebensformen; S.235-269. Hier: S. 236
[171] Ebenda; S. 236

Mehrere Menschen nicht nur ihre Verwandten hatten etwas gegen Anna Spiekermann. Keiner wollte ihr helfen. Da sie anders war als die andern, gab es sicherlich viele Neider. Vor allem weil sie ihr eigener Herr war und sich nicht den Willen anderer aufdrängen lassen wollte.

Doch nicht nur das ließ Vermutungen aufkommen, dass Anna Spiekermann sonderbar war. Hinzu kommt, dass bereits ihre Großmutter der Hexerei bezichtigt wurde. Die meisten Zeugen, die in dem Fall Anna aussagten, verwiesen auf die Hexentradition der Familie Spiekermann. Ihre Großmutter soll in Horst der Wasserprobe unterzogen worden sein. Dabei war sie geschwommen. Auch die Verwandten sollen schon in Verruf gekommen sein.[172]

Es sei wahr, daß Anna Spiekermanns Großmutter zu horst alß eine hexe probirt auffs waßer geworffen, und ihre verwandten von ihrem geschlechte zu Suthum einen bösen Namen haben.[173]

In dieser Aussage wird deutlich, dass nicht nur auf Besitz, Standeszugehörigkeit und konkretes Verhalten geachtet wurde, sondern auch die Familiengeschichte im öffentlichen Gedächtnis präsent war.

Letztlich wurde Anna Spiekermann ein Spielball unterschiedlichster Interessen. Obwohl ihr die Zeugen keine Laster, wie Faulheit oder Ungläubigkeit nachsagen konnten, beharrten alle darauf, dass es sich um eine Hexe handeln müsse.[174] Auf einmal wollten alle Zeugen sie bei irgendeiner verbotenen Tat, die mit Hexerei und dem Teufel in Zusammenhang steht, gesehen haben. Diese Zeugenaussagen kamen, wie oben beschrieben, nicht von ungefähr. Ihr Verhalten machte sie verdächtig. Die Leute glaubten an diese Verdächtigungen und Geschichten von angeblichen Teufelsbuhlschaften. Außerdem erhielt ihr Hexenprozess eine dezidierte politische Dimension. Der Graf wollte seine Macht demonstrieren, die er gefährdet sah. Er befürchtete den Verlust von Macht und Autorität. Die Untertanen widersprachen ihm schon länger und wollten nicht mehr tun, was er anordnete. Mit diesem Prozess wollte er ihnen beweisen, dass er noch immer und unangefochten am längeren Hebel saß. Genau diese Macht wollte er ausspielen. Diese Kraftprobe zwischen Bewohnern der Freiheit Westerholt und dem Grafen artete immer mehr aus. Zudem wollte er seine Macht demonstrieren, in dem er als Hinrichtungsstätte einen Platz bestimmte, der ausgerechnet an der Stelle der Landstraße lag, wo die Prozessionen der Westerholter Eingesessenen traditionsgemäß vorbeizogen. Er befahl seinen Untertanen, der Hinrichtung beizuwohnen und einen Kreis darum zu bilden. Diese weigerten sich aber mit allen Mitteln.

---

[172] Vgl.: Gersmann, toverie halber…; S.7-43
[173] Vgl.: Stadtarchiv Recklinghausen, Gräflich Westerholter Archiv, 201, Bl. 86
[174] Vgl.: Gersmann, toverie halber…; S. 7-43

Anna Spiekermann war gewissermaßen zur falschen Zeit am falschen Ort. Obwohl es Beweise für ihre Unschuld gab, konnte sich der Graf ein Zurückweichen nicht erlauben. Er musste in diesem Fall die Oberhand behalten. Vermutlich empfand er keine persönliche Abneigung gegen Anna Spiekermann. Dennoch ließ er sie mit allen Mitteln hinrichten und sah ihr Opfer als notwendig an. Die Manifestierung seiner Autorität und Macht gegenüber seiner Untertanen stand im Vordergrund.

Ganz anders die Gräfin, sie verhielt sich mütterlich und pflegte Anna Spiekermann. Sie schien ihr auch zu glauben.

Die adeligen Frauen hatten eine Schlüsselfunktion in der feudalen Ordnung[175]. Die Frau war verantwortlich dafür, bei Abwesenheit des Mannes Burg und Boden zu verwalten[176]. Die Frau hielt die Familie zusammen[177]. Sie hatte das Sagen in wesentlichen Dingen- so in der Kindererziehung und der Verwaltung und Führung des Personals. Adelige Frauen waren im feudalistischen System ebenso wichtig wie der Mann, da sie alles leiteten, was im Haus und um das Haus herum passierte.[178] Aus diesem Grund wird die Gräfin auch die Befugnis gehabt haben, in diesem Fall mitzubestimmen, obwohl ihre Forderungen letztlich nicht erfüllt wurden. Dennoch erreichte sie, dass Gutachten zu dem Fall eingereicht wurden, die Annas Unschuld bestätigten. Leider ging es in diesem Fall nie um Schuld oder Unschuld. Es ging einzig und allein um äußere Faktoren. Der Fall war nur Mittel zum Zweck. Mit diesem Fall konnte die Herrschaft einmal mehr ihre Macht demonstrieren und durchsetzen.

3. Zusammenfassung

Durch wiederholtes negatives Auffallen einer Eigenart und einer negativen Vergangenheit war es Anna Spiekermanns Schicksal, in Sachen Hexerei angeklagt zu werden. Da gerade in dieser Zeit der Aberglaube seine schlimmsten Auswüchse erfuhr, war es naheliegend, dass die Menschen einen Sündenbock für ihre Ängste suchten. Johannes Krampe bezichtigte Anna, weil er von ihr nicht bekommen hatte, was er wollte. Hätte sie sich ihm hingegeben und somit ihre Ehre beschmutzt, wäre sie vielleicht einer Verleumdung entkommen. Da sie aber standhaft blieb und somit ihre Reinheit und Ehre schützte, wurde sie aus Rache von Krampe der Hexerei bezichtigt. Durch ihre Vorgeschichte und ihr Geständnis, dass ihr dann zum Verhängnis wurde, verlor sie mehr als nur ihre Ehre.

---

[175] Vgl.: Anderson, Frauen in Europa; S. 386
[176] Vgl.: Ebenda; 396
[177] Vgl.: Ebenda; 393
[178] Vgl.: Ebenda; S. 386 f.

Auch die Ehre wurde in der frühen Neuzeit groß geschrieben. Allein die zentrale Bedeutung der Ehre für die alltägliche Kommunikation kann erklären, warum bereits Beschimpfungen für die Menschen in der frühen Neuzeit keine Seltenheit waren. Die schlimmsten Beschimpfungen wurden aus dem christlichen Glauben heraus begründet.[179] Hexe, Hure, Zauberin - das waren geradezu klassische Ehrabschneidungen. Solcherlei Beschimpfungen konnten fatale Folgen haben. Deshalb war man sehr bedacht, seine Ehre rein zu halten. Wurde man beschimpft, musste man den Angriff erwidern, damit man nicht in Verdacht geriete, dieser Vorwurf träfe zu. Man wehrte sich, um sich vom Verdacht zu reinigen. Wenn der Hexereiverdacht dennoch aufkam, dann kam es oft dazu, dass die Familie die Angeklagte verleugnete, um nicht auch in Verdacht zu geraten.[180]

Nachdem nun auch der Gräfin und dem Pater Damasus der Kontakt mit Anna vom Grafen persönlich untersagt wurde, war sie völlig auf sich allein gestellt, wie schon ihr Leben lang zuvor. Sie muss schreckliche Angst in den 16 Monaten Haft gehabt haben. Man ließ sie andauernd im Ungewissen und die Verhältnisse im Kerker waren mehr als unmenschlich. Sie war rund um die Uhr angekettet. Dies hatte zur Folge, dass sie in dem dunklen Loch den Verstand verlor. Sie wurde schließlich unschuldig festgehalten. Dass sie zum Schluss alles gestand, was man ihr vorwarf und ihre Schuld dadurch ins Unermessliche wuchs, muss hier nicht weiter erklärt werden. Ihr Nachgeben und ihre letzten Geständnisse sind mehr als nachvollziehbar. Sie gestand letztendlich alles, damit die Qualen ein Ende finden konnten. Sie wollte in Frieden sterben, trotz der Lügen, die sie in den Verhören immer wieder erzählen musste. In ihrem Inneren wusste sie wahrscheinlich, dass sie Vergebung bei Gott finden würde.

Als Todgeweihte wurde sie in den Kerker gesperrt, als Todgeweihte verließ sie ihn auch. Eine Freilassung war aus juristischer und politischer Sicht nahezu ausgeschlossen. Jeder Mensch würde unter der peinlichen Befragung irgendwann alles gestehen, was ihm vorgeworfen wird, nur damit die Qualen aufhören. In Annas Fall gab es noch viele weitere Hintergründe, die nicht viel mit dem Tatvorwurf zu tun hatten. Aber in jedem Hexenprozess gab es Hintergründe, die nach einem Sündenbock verlangten. Jedoch hatte Annas Prozess auch etwas Gutes. Sie wurde als letzte Hexe im Vest verurteilt. Nach dem Schauspiel, welches sich anlässlich ihrer Hinrichtung in Westerholt abgespielt hatte, wurden die Menschen im Sinne der Vernunft wachgerüttelt. Schon während sie noch peinlich verhört wurde, begriffen die Bewohner, dass dieses Schicksal jeden hätte treffen. Als ihre Unschuld bekannt wurde, begannen die Menschen zu zweifeln. Sie waren bestürzt über das Urteil und versuchten,

---

[179] Münch, Lebensformen; S. 235-269; hier: S. 247 ff.
[180] Ebenda; S.235-269; hier: S.247 ff.

dieses mit allen Mitteln zu verhindern. Gerade die Leute, die das furchtbare Schicksal hatten bereiten helfen, verhinderten durch eine seltsame Mischung aus Reue, Mitleid und Aberglauben monatelang die unvermeidliche Vollziehung des ergangenen Urteils. Die freiheitlich Gesinnten protestierten gegen die Vollstreckung. Am 19.04.1706 rotteten sie sich zusammen und zerstörten den in die Erde gerammten Pfahl[181]. Leider waren alle Versuche, diese Hinrichtung zu verhindern, letztlich vergebens.

Im Juli 1706 wird Anna Spiekermann durch das Schwert hingerichtet. Die Hinrichtung durch das Schwert hingegen schien zu damaliger Zeit ein milderes Urteil gewesen zu sein. Zu dieser Art von Hinrichtung musste man begnadigt werden, dies stand im höheren Ansehen und die Ehre war nicht ganz beschmutzt. Natürlich zogen alle durch den Scharfrichter verhängten Strafen Ehrlosigkeit nach sich, aber es gab dennoch Stufen, die die Ehre gewahrt ließen.

Nach Annas Tod ging noch lange nicht alles seinen gewohnten Gang weiter. Annas Prozess war eine Zäsur. Die Bevölkerung gewann neuen Mut, sie wollte sich nicht länger von ihrem Herrscher entmündigen lassen. Sie lehnte sich immer wieder gegen ihn auf- wenn auch ohne durchgreifenden Erfolg. Der Fall des „Hexenänneken aus Westerholt" ist bis heute nicht in Vergessenheit geraten.

4. Die Fallbeispiele im kritischen Vergleich

Der Fall Trine Plumpe unterscheidet sich sehr von dem der Anna Spiekermann. Nicht nur der Zeitunterschied von 55 Jahre trennt beide Fälle voneinander. Auch ihr Schicksal ist unterschiedlich. Die äußeren Ursachen trennen sich von einander. In beiden Fällen befand sich die Stadt in schweren Kriegsnöten.

Im Fall Trine Plumpe, wird die Angeklagte von der eigenen Mutter besagt. Dieser Fall ist schwierig zu deuten, da man nicht die genauen Gründe weiß, warum die Mutter ihre Tochter besagte. Hier können nur Vermutungen angestellt werden. Insgesamt ist dieser Fall sehr schwer zu rekonstruieren, da es an Fakten und Hintergründen mangelt. Der Fall wurde in dem Sinne noch nie analysiert. Er wurde lediglich nach den Prozessakten vorgestellt. Weitere Kommentare wurden dazu nicht gegeben.

Der Fall Anna Spiekermann ist offensichtlich. Sie wird von einem Nachbarn und Lüstling namens Krampe denunziert, der ausschließlich persönliches Interesse an ihr hatte. Dadurch, dass er nicht bekommen hatte, was er wollte, beschuldigte er sie, ihn verhext zu haben. Zudem spielen noch die politischen Machverhältnisse eine wesentliche Rolle in dem Prozess.

---

[181] Vgl.: Wener, Hexenänneken

C. Schluss

Die Gründe und Ursachen für die Hexenverfolgungen im Vest Recklinghausen waren sehr vielschichtig. Dennoch unterschieden sie sich nicht wesentlich von den Gründen und Ursachen aus anderen Städten in dieser Zeit. Das Prinzip blieb immer dasselbe: Schon im Mittelalter wurden bestimmte Gruppen wie Juden und einige Ritterorden verfolgt, da man ihnen vorwarf, an allen Unglücken die Schuld zu tragen. In der frühen Neuzeit konzentrierte sich die Aufmerksamkeit der Menschen von den Juden und den fast ausgelöschten Ritterorden weg und hin zu den *Zauberschen*.[182] Ab dem 16. Jahrhundert übernahmen die Hexen jene Opferrolle. Sie zählten zu den Ketzern und sie waren es auch, die sich gegen die Christenheit verschwören wollten. Zudem wurden private Missgeschicke und öffentliche Katastrophen Hexen und Dämonen zugesprochen. Die meisten Ausbrüche von Hexenverfolgungen standen mit Agrarkrisen, Kriegswirren und Krankheiten in Zusammenhang.

So ist es nicht verwunderlich, dass das Vest Recklinghausen seinen Ursprung der Hexenverfolgungen in 11 Wetterhexen gefunden hatte. Der Tatvorwurf war eindeutig. Sie waren verantwortlich dafür, dass der Winter so extrem kalt war. Man nannte den Winter auch die *kleine Eiszeit*. Sie waren die ersten, die im Vest hingerichtet wurden. Dieser Wahn steigerte sich in den 80er Jahren des 16. Jahrhunderts zu einer extremen Verfolgungswelle, in der viele ihr Leben ließen. Danach stagnierten die Prozesse. Sie wurden nur noch vereinzelt durchgeführt. Die Aufklärung schließlich erklärte die Hexenprozesse als eigentliches „Teufelswerk". Dem aufgeklärten Zeitgenossen müssen die unfassbaren Vorgänge um die Hexenverbrennungen wie barbarische Exzesse, wie atavistische Überreste einer längst überwunden geglaubte „steinzeitliche" Kultur erscheinen. Der Fall Anna Spiekermann schließt die fast 200jährige Geschichte des Hexenwahns im Vest Recklinghausen ab.

Um eine genaue Rekonstruktion von dem Begriff Hexenverfolgung zu geben, mussten zwei Fallbeispiele analysiert werden, um die genauen Hintergründe und die Ursachen im Detail darzustellen und deutlich zu machen, dass nicht selten nichts weniger als bloße nachbarliche Konflikte und Vorurteile im Spiel waren. Als weitere Erklärungsebene kommt hinzu:

Indem die Obrigkeit eine kleine Minderheit, nämlich die Hexen, verfolgte und durch Prozesse zu eliminieren suchte, brachte sie die große Mehrheit hinter sich, d.h. die Obrigkeit stabilisierte dadurch ihre eigene Autorität.

---

[182] Vgl.: Schormann, Krieg; S.13

D. Literaturverzeichnis

Ahrend-Schulte, Geschichte

    Ahrend-Schulte, Ingrid: Weise Frauen- böse Weiber; die Geschichte der Hexen in der frühen Neuzeit; Freiburg 1994

Anderson, Frauen in Europa

    Anderson, Bonnie S.: Eine eigene Geschichte, Frauen in Europa, Zürich 1992,

Alfing, Hexenjagd

    Alfing, Sabine: Hexenjagd und Zaubereiprozesse in Münster. Vom Umgang mit Sündenböcken in Krisenzeiten des 16. und 17. Jahrhundert; 2.Auflage, Münster/NY 1994

Bauermann, Zum ältesten Namen

    Bauermann, Johannes: Zum ältesten Namen von Recklinghausen. In: Darstellungen und Probleme der Gesamtgeschichte Westfalens, in: WestF 1, Teil 8: Vest Recklinghausen, in: WestF 26, 1974

Behringer, Hexenprozesse

    Behringer, Wolfgang: Hexen und Hexenprozesse, München 2001

Behringer, Hexenhammer

    Behringer, Wolfgang u.a.: Vorwort in: „Der Hexenhammer- Malleus Maleficarum, Neuübersetzung, München 2006

Blauert, Erforschung der Hexenverfolgung

    Blauert, A.: Die Erforschung der Anfänge der europäischen Hexenverfolgungen, in: ders. (Hg.), Ketzer, Zauberer, Hexen. Die Anfänge der europäischen Hexenverfolgungen, Frankfurt a. M. 1990

Burhenne, Wetter

    Burhenne, Verena: Wetter: verhext, gedeutet, erforscht; Landschaftsverband: Westfalen-Lippe; Münster 2006

Corbach, Bergische Geschichte
  Corbach, Gottfried: Beiträge zur Bergischen Geschichte. Köln 2001, Nachdruck der
  Ausgabe von 1976

Döbler, Hexenwahn
  Döbler, Hannsferdinand: Hexenwahn. Die Geschichte einer Verfolgung;
  München 1977

Dorider, Vest Recklinghausen
  Dorider, Adolf: Kreis- und Stadthandbücher des Westfälischen Heimatbundes, das
  Vest Recklinghausen; Recklinghausen 1948

Dürwald, Hexen
  Dürwald, Karl-Heinz: Hexen- und Zauberunwesen in unserer engeren Heimat-
  Versuch einer psychologischen Deutung des Hexenwahns, Aus: Hohenlimburger
  Heimatblätter, Hagen/ Iserlohn 1990

Duden, Herkunftswörterbuch
  Duden: Herkunftswörterbuch. Etymologie der deutschen Sprache. 3. bearbeitete und
  erweiterte Auflage. Mannheim 2001

Esch, Hexenprozesse
  Esch, Theodor: Beitrag zur Geschichte der Hexenprozesse aus der Stadt
  Recklinghausen; In: Vestische Zeitschrift, Bd. XI, Jg. 1901
  Fuchs, Hexenverfolgung

Fuchs, Hexenverfolgung
  Fuchs, Ralph-Peter: Hexenverfolgung an Ruhr und Lippe; Münster 2004

Gersmann, Toverie halber
  Gersmann, Gudrun: „Toverie halber…" Zur Geschichte der Hexenverfolgung im Vest
  Recklinghausen- Ein Überblick. Aus: Vestische Zeitschrift Bd. 92/93, Recklinghausen
  1993/1994, (S. 7-43)

Gersmann, Opfer

    Gersmann, Gudrun: Auf den Spuren der Opfer. Zur Rekonstruktion weiblichen Alltags unter dem Eindruck frühneuzeitlicher Hexenverfolgung. In: Bea Lundt (Hg.), Vergessene Frauen an der Ruhr. Köln/Weimar/Wien 1992, (S. 243-272)

Glaser, Klimageschichte

    Glaser, Rüdiger: Klimageschichte Mitteleuropas, 1000 Jahre Wetter, Klima, Katastrophen; wissenschaftliche Buchgesellschaft; Darmstadt 2001

Gottschalk, Frauenbild

    Gottschalk, Gabriele: Frauen in Krieg und Frieden- Das Frauenbild im 30 jährigen Krieg, Münster 1998

Haneklaus, Hexenänneken

    Haneklaus, Walter: Hexenänneken ein vestischen Frauenschicksal, Vestischer Kalender, Recklinghausen 1988

Hansen, Quellen

    Hansen, Josef: Quellen und Untersuchungen zur Geschichte des Hexenwahns und der Hexenverfolgung im Mittelalter, Bonn 1901

Hausschild, Hexen

    Hauschild, Thomas u.A.: "Hexen": Katalog zur Sonderausstellung im Hamburgischen Museum für Völkerkunde, Berlin 1987

Höfinghoff, Van rechte

    Höfinghoff, Hans: Van rechte und wonte, Landeskundliches Institut Westmünsterland 2004

Höfinghoff, Carolina

    Höfinghoff, Hans, Carolina. Die Peinliche Gerichtsordnung Kaiser Karl V, 2004 (S.168-173)

Jäger, Allergien
> Jäger, Lothar: Allergien. Ursachen, Therapien, Vorbeugung. München, 2000.

Kemper, Hexenwahn
> Kemper, J.:Hexenwahn und Hexenprozesse, Leipzig 1927

Kickhefer, Magie
> Kickhefer, Richard: Magie im Mittelalter; München 1995

Knepper, Friesenhagen
> Knepper, Uwe: Friesenhagen- Der Hexenwahn im Wildenburger Land, Friesenhagen 2007

König, Hexenprozesse
> König, Emil B.: Hexenprozesse- Ausgeburten des Menschenwahns, Paderborn o.J.

Kramer, Hexenhammer
> Kramer, Heinrich: Der Hexenhammer- Malleus Maleficarum; 1486, Neuausgabe: München 2006

Lundt, Vergessene Frauen
> Lundt, Bea: Vergessene Frauen an der Ruhr; Köln/Weimar/Wien 1992

Lea, Inquisition
> Lea, H. Ch.: Geschichte der Inquisition im Mittelalter. Bd. 3: Die Tätigkeit der Inquisition auf besonderen Gebieten , Bonn 1913

Merzbacher, Hexenprozesse
> Merzbacher, Friedrich: Die Hexenprozesse in Franken, München 1957

Mummenhoff, Hexenverfolgung
> Mummenhoff, Willhelm: Zur Geschichte der Hexenverfolgungen in der Stadt Recklinghausen und ihrer Umgebung während des 16.Jahrhundert; Vestische Zeitschrift; Bd. 34/ Recklinghausen 1927

Mummenhoff, Gerichtsverhältnisse

Mummenhoff, Willhelm: Gerichtsverhältnisse in der Stadt Recklinghausen während des 16. Jahrhunderts. In Vestische Zeitschrift; Bd. XXV, Recklinghausen Jg.1914/16 S.1-58

Münch, Lebensformen

Münch, Paul: Lebensformen in der frühen Neuzeit. 1500 bis 1800, Berlin 1998

Möller, Mecklenburg

Katrin Möller, Hexenprozesse in Mecklenburg- eine quantitative Auswertung. In: Werner Buchholz und Steffan Kroll (Hg.): Quantität und Struktur. Festschrift für Kersten Krüger zum 60. Geburtstag. Rostock 1999, (S. 283-300)

Madynski, Marl

Madynski, Helmut: Marl, Frühgeschichte bis 1914, Marl 1993,

Nottarp, Gottesurteile

Nottarp, Hermann: Gottesurteile. Eine Phase im Rechtsleben der Völker, Bamberg; Meisenbach, 1949

Oestmann, Reichskammergericht

Oestmann, Peter: Hexenprozesse am Reichskammergericht, Quellen und Forschung zur höchsten Gerichtsbarkeit im alten Reich; Köln 1997

Pennings; Geschichte der Stadt

Pennings, W.: Geschichte der Stadt Recklinghausen und ihrer Umgebung; Recklinghausen 1936

Pfister, Wetternachsage

Pfister, Christian: Wetternachhersage, 500 Jahre Klimavariationen und Naturkatastrophen, o.O. 1999

Rübel, Hexenaberglaube

    Rübel, Karl: Hexenaberglaube, Hexenprozesse und Zauberwahn in Dortmund. In: Beiträge zur Geschichte Dortmunds und der Grafschaft Mark XXII, o.O. 1913, S.96-117

Riezler, Hexenprozesse Bayern

    Riezler, Sigmund: Geschichte der Hexenprozesse in Bayern. Im Lichte der algemeinen Entwicklung dargestellt, Stuttgard 1896. Aus: Der Hexenhammer, kommentierte Neuübersetzung, o.O. 2006, S.10

Schilling, Reformation

    Schilling, H.: Reformation und Altes Reich, o.O. 1984

Schmölzer, Hexenverfolgung

    In: Holl, Adolf (Hg.): Die Ketzer, 2. Aufl. Hamburg 1994

Schmitt, Anna Spiekermann

    Schmitt, o.N.: Der unschuldigen Anna Spiekermanns aus Buer-Sutum, gen.Hexenänneken; das Vest-Heimatblätter für das Emscher und Lippe-Land, Oktober-November, Recklinghausen 1921

Schormann, Hexenprozesse

    Schormann, Gerhard: Hexenprozesse in Deutschland; Göttingen 1981

Schormann, Krieg

    Schormann, Gerhard: Der Krieg gegen die Hexen; Göttingen 1991

Schulz, Staatsarbeit

    Barbara Schulz: Staatsprüfung, Hexenjagd und Zaubereiprozesse in Münster. Im Stadtarchiv Recklinghausen unter C482, EII 792 einsehbar.

Schwaiger, Teufelsglaube

    Schwaiger, Georg: Teufelsglaube und Hexenprozesse; München 1987

Skeats, Etymology

    Skeats Walter W.: The Concise Dictionary of englisch etymology, o.O. 1882

Soldan, Hexenprozesse

    Soldan/Heppe: Geschichte der Hexenprozesse I, Hanau 1970

Stadtarchiv Recklinghausen, Akte

    Stadtarchiv Recklinghausen, Bestand Recklinghausen, I, A. 78a, B1.11.

Stadtarchiv Recklinghausen, Akte Trine Plumpe

    Stadtarchiv Recklinghausen, acta criminalia 1595-1650, R25 Blatt 3-150, Akte Trine
Plumpe S.141-150; Unterfügung gegen Trine Plumpe wegen zauberei Anno 1650;
Dargestellt bei Gersmann, Gudrun; S. 27

Stadtarchiv Recklinghausen, Akte Anna Spiekermann

    Stadtarchiv Recklinghausen, Gräflich Westerholter Archiv, 201, B1. 86, aus
Gersmann, Toverie halber...; S.7-43

Tarnowski, Hexen

    Tarnowski, Wolfgang: Hexen und Hexenwahn, Nürnberg 1994

Thiesbrummel, Recklinghäuserinnen

    Thiesbrummel, Gabriele u.A: Von Hexen und anderen Recklinghäuserinnen,
Frauenleben in Recklinghausen im 15./16. Jahrundert; Die Frauen-
Geschichtswerkstatt, Volkshochschule Recklinghausen; Recklinghausen 1990

Wener, Hexenänneken

    Wener, Heinz: Hexenänneken; Buersches Lesebuch; 1000 Jahre Buer,
Recklinghausen 2004

Walz, Hexenwahn

    Walz, Rainer: Der Hexenwahn vor dem Hintergrund dörflicher Kommunikation,
in: ZIV 82, o.O. 1986,

Internetquellen:

Abbildungsverezeichnis:

Internetquelle, Gerichtsmuseum
    http://www.gerichtsmuseum-wolkenstein.de/

Internetquelle, Muelverstedt
    www.muelverstedt.net/Historie/Hexenprozess.htm

Internetquelle, Heise.de
    www.heise.de/tp/r4/artikel/21/21018/1.html